Heinrich-Heine-Institut Düsseldorf
Archiv · Bibliothek · Museum
Herausgegeben von Joseph A. Kruse
Band 8

Grosser Mann im seidenen Rock

Heines Verhältnis zu Goethe

Mit einem Essay von Jost Hermand
und 82 Abbildungen

Bearbeitet von Ursula Roth
und Heidemarie Vahl

Verlag J. B. Metzler
Stuttgart · Weimar

Die Deutsche Bibliothek – CIP-Einheitsaufnahme

Großer Mann im seidenen Rock : Heines Verhältnis zu Goethe / mit einem Essay von Jost Hermand. Bearb. von Ursula Roth und Heidemarie Vahl.
- Stuttgart ; Weimar : Metzler, 1999
(Archiv, Bibliothek, Museum / Heinrich-Heine-Institut Düsseldorf ; Bd. 8)
ISBN 978-3-476-01690-4

ISBN 978-3-476-01690-4
ISBN 978-3-476-03786-2 (eBook)
DOI 10.1007/978-3-476-03786-2

Ursprünglich erschienen bei J. B. Metzlersche Verlagsbuchhandlung und Carl Ernst Poeschel Verlag GmbH in Stuttgart 1999

Inhalt

Heinrich Heine
Zeichnung von Volker Kriegel, 1997

Vorwort

Heine und Goethe
Eine respektvolle Anmerkung

Über das Verhältnis Heinrich Heines zu Goethe wird bereits so lange nachgedacht und diskutiert, wie es literarische Veröffentlichungen des um etwa ein halbes Jahrhundert jüngeren Dichters der *Reisebilder* und des *Buches der Lieder* gibt, die im Gefolge der klassischen und romantischen Traditionen von Anfang an als beachtenswerte Novitäten auf dem Literaturmarkt empfunden wurden. Von nichts kommt nichts, ist eine so banale wie richtige Maxime. Weder Goethe noch Heine sind vom Himmel gefallen und als rein durch sich selbst erklärbare Phänomene zu behandeln. Die Größe Goethes baut auf manchmal kleinsten Anregungen auf; die enorme Stellung Heines ist ohne einen solchen Vorgänger auf dem Felde der deutschen Poesie und Literatur nicht zu begreifen. Das Genie Heines bestand unter anderem darin, die Genialität, Bedeutung und Weltläufigkeit Goethes zu erfassen, aber trotzdem bestimmte Vorbehalte, zumal auf dem politischen Sektor, zu formulieren. Heine wußte die Leistungen seines literarischen Vorgängers zu nutzen und verfiel nicht dem Schmerz eines gelegentlich lähmenden Epigonentums wie sein Kollege Karl Immermann, erst recht aber nicht jener kleinlichen Konkurrenz und arroganten Distanz, von denen die Wirkung Goethes in der Zeit des Jungen Deutschlands wie des Vormärz bekanntlich durchaus auch bestimmt war. Die Spannung zwischen den beiden Welten und Zeiten, zwischen Goethe und Heine, ist zweifellos mit guten Gründen und Gewinn als fruchtbare Entwicklung der Zeitbedingungen und ihrer schriftstellerischen Folgen zu bezeichnen und nicht etwa nur als Zwist oder Hader zwischen Jugend und Alter, Minister und vogelfreiem Autor. Man darf das heikle, aber stets wichtige Thema "Heine und Goethe" gewiß nicht durch psychologische Vorbehalte auf beiden Seiten allein bestimmt sehen, sondern muß die Vielfalt von Wirkungsmöglichkeiten im deutschen Literaturhaushalt und ihrer in jedem Sinne zeitweiligen Klassizität bedenken, um jenem Phänomen gerecht zu werden, daß vor allem im internationalen Kontext die Namen Goethes und Heines bis heute eng aufeinander bezogen sind und Heines Einflußnahme auf die jeweiligen Nationalliteraturen immense Folgen besessen hat, die den Vergleich mit Goethe allemal rechtfertigen. Spielte Heine im Leben und Schreiben in manchem nicht Goethe nach? Waren nicht die Reiseliteratur und die von früh an autobiographischen Bemühungen, die lyrischen Themen und ihre elegante Sprachmächtigkeit immer auch vom allgegenwärtigen Olympier bestimmt? Forderte nicht die Besonderheit der Herkunft des jüdischen Kaufmannssohns aus Düsseldorf, der in die Romantik sich versenkte und sie gleichzeitig überwand, aufgrund der vorhandenen Begabung zu außerordentlichen Leistungen der Grenzüberwindung heraus, von Grenzen, hinter denen stets wieder die gewaltige Lebensleistung Goethes als schwer zu überbietender Horizont auftauchte?

Die geradezu überwältigende Anteilnahme des Publikums am Heine-Jahr 1997 zum 200. Geburtstag des Dichters aus Düsseldorf verpflichtet gewissermaßen dazu, im Goethe-Jahr 1999 zum 250. Geburtstag des Weimarer Großen gerade auch im Museum des Heinrich-Heine-Instituts und in diesem mit der Ausstellung verknüpften 'Lesebuch' eine Begegnung zwischen Goethe und Heine zu simulieren, die im wirklichen Leben ihre von gewissen verzwickten Bedingungen nicht loslösbaren Umstände besessen hat. Zu danken ist den beiden Bearbeiterinnen desThemas für eine museumswirksame Darbietung wie für den vorliegenden Begleitband, nämlich Ursula Roth und Heidemarie Vahl aus dem Heinrich-Heine-Institut, aber auch Jost Hermand aus Madison / Wisconsin, der seine zum Goethe-Jahr passenden Überlegungen bereitwillig zur Verfügung stellte. Danken darf ich schließlich sehr herzlich sämtlichen wichtigen Goethestätten in Deutschland, die uns durch Leihgaben und Abbildungen unterstützt haben und damit Goethe als, wenn auch kritisch gewürdigten, Ehrengast auf Heine in Düsseldorf treffen ließen, wie es anspielungsreicher und friedvoller zu ihrer eigenen Zeit in Weimar aus Anlaß von Heines Harzreise im Jahre 1824 nicht hätte sein können. Deshalb seien, um es geradezu hochtrabend auszudrücken, das Freie Deutsche Hochstift in Frankfurt am Main mit seinem Goethe-Museum, die Stiftung Weimarer Klassik mit dem Goethe- und Schiller-Archiv sowie dem Goethe-Nationalmuseum und die benachbarte Düsseldorfer Anton-und-Katharina-Kippenberg-Stiftung mit ihrem Goethe-Museum in den Räumen des Heinrich-Heine-Instituts hochwillkommen. Den Leserinnen und Lesern möchte ich dieses daraus resultierende Zeugnis einer so schwierigen wie wirksamen generationenverschobenen Zeitgenossenschaft gerne intensiv ans Herz legen. Durch verschiedene Brillen, die sich erstaunlich ergänzen, sieht die Welt manchmal noch lebendiger und interessanter aus.

Joseph A. Kruse

Johann Wolfgang von Goethe
Radierung von Simon Dittrich, 1995

Der Blick von unten
H. Heine und Johann Wolfgang von Goethe

Von Jost Hermand

So heftig, wie in den zwanziger Jahren des 19. Jahrhunderts, haben sich deutsche Autoren wohl selten miteinander gestritten. Von der Streitschrift *Wie ward Friz Stolberg ein Unfreyer?* (1819), in der Johann Heinrich Voß seinem früheren Freund, dem Grafen Friedrich Leopold zu Stolberg, den Vorwurf machte, zu den Finsterlingen des reaktionären Katholizismus übergelaufen zu sein, bis hin zu der grimmigen Bloßstellung des Grafen August von Platen als eines "warmen Bruders" in H. Heines *Die Bäder von Lukka* (1830)[1], erschien in diesem Zeitraum ein Pasquill nach dem anderen, die in literarisch interessierten Kreisen leidenschaftlich geführte Debatten auslösten. Wie schon oft bemerkt, bildeten diese Streitigkeiten in vielem ein Ersatzventil für jene frustierten Autoren, welche eigentlich ins Politische drängten, sich aber durch die strengen Zensurbestimmungen der Karlsbader Beschlüsse von 1819 daran gehindert sahen. Und so zogen manche der damaligen Schriftsteller, weil sie sich nicht gegen die Vertreter der "Obrigkeit" äußern durften, in den schöngeistigen Beilagen der größeren Zeitungen oder auch in journalistischen Winkelblättchen unablässig gegen irgendwelche literarischen Nebenbuhler zu Felde, um sich in der stickigen Atmosphäre dieser Ära wenigstens auf ästhetischem Gebiet etwas Luft zu verschaffen.

Wie gereizt, ja gehässig die Stimmung dieser Schriften war, zeigt sich darin, daß manche in ihrer Schmähsucht selbst vor dem siebzigjährigen Goethe keineswegs Halt machten. Besonders scharf traten zu diesem Zeitpunkt christlich orientierte Autoren – wie die ultramontanen Beiträger der *Historisch-politischen Blätter*, die Autoren der von Ernst Wilhelm Hengstenberg herausgegebenen *Evangelischen Kirchenzeitung* sowie der Pfarrer Friedrich Wilhelm Pustkuchen in seinen sogenannten *Falschen Wanderjahren* (1821-1828) – gegen den großen Weimarer auf, dem sie einen verruchten Amoralismus zur Last legten, durch den er die deutsche Jugend vom "Pfade der Tugend" ablenke. Andere, wie Wolfgang Menzel, die aus dem burschenschaftlichen Lager kamen, warfen Goethe in den gleichen Jahren einen indifferenten Kosmopolitismus vor, der alle teutschgesinnten Vorstellungen verächtlich von sich weise. Nicht minder entschieden zog der zum Christentum übergewechselte Frankfurter Jude Ludwig Börne gegen Goethe vom Leder und erwählte sich den "warmherzigen" Jean Paul zu seinem Vorbild[2], während er den "kalten" Goethe als opportunistischen Höfling anprangerte, der nur seinem Egoismus fröne. Im Gegensatz dazu stellten sich Achim von Arnim, Georg Friedrich Wilhelm Hegel, Wilhelm von Humboldt, Karl Immermann, August von Platen, Ludwig Tieck, Karl August Varnhagen und Friedrich August Wolf in diesen Querelen entschieden auf die Seite Goethes[3], wodurch ein Streit entstand, in den fast alle Autoren dieser Zeit hineingezogen wurden und – so oder so – Farbe bekennen mußten.

Und zu diesen Autoren gehörte auch der junge H. Heine[4], der Anfang der zwanziger Jahre die literarische Szene betrat und schon durch seine Jugend und sein Herkommen von vornherein zu einem Anti-Goetheaner prädestiniert war.[5] Im Unterschied zu einem durch die sozio-ökonomischen Umstände begünstigten Patriziersohn wie Goethe, der sein Leben als eine Metamorphose zu immer größerer Reife verstand, stand Heines Leben von Anfang an unter einem ungünstigen Stern. Als Sohn eines kleinen jüdischen Textilhändlers aus Düsseldorf, der sich zuerst als kaufmännischer Volontär durchzuschlagen versuchte, bevor er durch finanzielle Zuwendungen eines Hamburger Onkels Jurisprudenz studieren durfte, sah er sich ständig Demütigungen und Zurücksetzungen ausgesetzt, auf die er als angehender Dichter höchst reizempfindlich reagierte. Außer bei einigen Familienmitgliedern und jüdischen Freunden fand er nirgends jenen menschlichen Anschluß, nach dem er sich sehnte. Für christliche Mädchen schied er als möglicher Partner ohnehin aus.[6] Aber auch von den burschenschaftlich gesinnten Kommilitonen, denen er sich in seiner Bonner Studienzeit mit deutschglühender Begeisterung anzuschließen versuchte, stießen sich die meisten an seinem "Judentum", was schließlich im Dezember 1820 zu seinem Ausschluß aus der Göttinger Burschenschaft führte.[7] Als Heine im März 1821 zur Fortsetzung seines Studiums an die Berliner Universität ging, nahm er daher zur dortigen "Arminia", die ebenfalls antisemitisch eingestellt war, keine Kontakte auf.

Doch wo sollte er jetzt menschlich und politisch Fuß fassen? Als Kaufmann war er gescheitert. Das Jurastudium, das für ihn als Juden lediglich zu einer kleinen Notariatsstelle geführt hätte, langweilte ihn. Und die Hoffnung auf eine akademische Karriere war in Preußen durch die Aufhebung des judenfreundlichen Edikts von 1812 zusehends düsterer geworden. Zurückgeworfen auf sein Judentum, trat Heine demzufolge in Berlin dem "Verein für Cultur und Wissenschaft der Juden" bei, der zwischen jüdischer Selbstbestimmung und reformerischer Assimilation einen ideologischen Mittelweg zu steuern versuchte[8], und nahm zugleich an den geselligen Zusammenkünften in Rahel Varnhagens Salon teil, wo er ebenfalls Menschen seines Herkommens wie Michael Beer und Ludwig Robert begegnete.[9] Außerdem versuchte er, sich mit schmerzerfüllten Liedern, in denen es fast ausschließlich um das Motiv der unerwiderten Liebe ging, sowie kritisch-ironischen Berichten aus dem Berliner Kultur- und Gesellschaftsleben als Schriftsteller zu etablieren. Und da Rahels Salon der Mittelpunkt des Berliner Goethe-Kults war, mußte er sich bei diesen Schreibversuchen zwangsläufig auch mit der Rolle des großen Weimarers im deutschen Literaturbetrieb auseinandersetzen.

Als daher im Dezember 1821 Heines frühe *Gedichte* erschienen, schickte er sie – vielleicht auf Anregung Rahels – umgehend mit einer panegyrisch-übertriebenen Widmung an Goethe, die mit dem Satz schloß: "Ich küsse die heilige Hand, die mir und dem ganzen deutschen Volk den Weg zum Himmelreich gezeigt hat" (HSA XX,46). Doch Goethe antwortete darauf ebenso wenig wie auf das Widmungsexemplar, das ihm Heine im Mai 1823 von seinen *Tragödien, nebst einem lyrischen Intermezzo* als ein "Zeichen seiner tiefsten Verehrung" zusandte (HSA XX,88). Erbittert über diese Nichtbeachtung und zugleich verstört über den kritiklosen Goethe-Kult des Varnhagen-Kreises, schrieb deshalb Heine – noch mit leicht burschenschaftlicher Akzentsetzung – im zweiten seiner *Briefe aus Berlin*:

> Ich will nicht ungerecht seyn und hier unerwähnt lassen die Verehrung, die man hier dem Namen Göthe zollt [...]. Aber Hand aufs Herz, mag das feine, weltkluge Betragen unseres Göthe nicht das meiste dazu beygetragen haben, daß seine äußere Stellung so glänzend ist und daß er in so hohem Maße die Affekzion unserer Großen genießt? Fern sey es von mir, den alten Herrn eines kleinlichen Charakters zu ziehen. Göthe ist ein großer Mann in einem seidnen Rock. (DHA VI,29)[10]

Zu dieser kritischen Perspektive paßt, daß Heine den Namen Goethe jedesmal ausließ, wenn er in diesem Zeitraum auf seine literarischen Hausgötter zu sprechen kam. "Lessing, Herder und Schiller" tauchen bei ihm in den Jahren 1822 und 1823 zweimal als leuchtendes Dreigestirn auf (HSA XX,49 und DHA VI,65). Goethe fehlt dagegen bei solchen Ahnengalerien stets. Ja, in einem Brief an Karl Immermann vom 24. Dezember 1822 heißt es geradezu vernichtend: "Goethe ist todt" (HSA XX,61). Ebenso abschätzig äußerte sich Heine am 26. Januar 1824 über die "echte großherzog*liche* Weimarsche Hofprosa" des alten Goethe (HSA XX,138). Immer wieder spürt man in Bemerkungen dieser Art, daß der junge Heine den alten Goethe wegen seiner aristokratischen Allüren als ausgesprochen reaktionär empfand. Trotz einiger weltbürgerlicher und antiklerikaler Züge, die man dem großen Weimarer nicht absprechen könne, sah er in ihm letztlich einen abgelebten Vertreter des Ancien régime, den der "Weltgeist" bereits hinter sich gelassen habe.

Daß Heine dennoch in seiner Frühzeit davor zurückschreckte, solche Anschauungen – von der einen Stelle in den *Briefen aus Berlin* einmal abgesehen – auch öffentlich zu vertreten, hatte sicher mehrere Gründe. Erstens wollte er keinen Beifall von der falschen Seite bekommen und mit Goethe-Gegnern verwechselt werden, die ihn von christlich-moralischen oder nationalistischen Positionen aus angriffen. Was diese Leute an Goethe verdammten, war ja gerade das, was er an dem "alten Heiden" ganz passabel fand. Zweitens werden hier auch literaturstrategische Gründe mitgespielt haben. Schließlich waren fast alle von Heines damaligen Freunden, Gönnern und Professoren ausgesprochene Goethe-Verehrer. Was hätten Rudolf Christiani, Georg Sartorius, Gustav Hugo, Hegel, Varnhagen und Rahel zu einer solchen Kritik gesagt? Um also kein absoluter Einzelgänger zu werden, durfte er diese Kreise keineswegs verstimmen.

Von entscheidender Bedeutung war dabei sein Verhältnis zu Karl August Varnhagen von Ense, der zu den wenigen gehörte, die Heines Frühwerke mit vorteilhaften Rezensionen begrüßten. Im Hinblick auf ihn mußte daher Heine zwangsläufig Konzessionen machen, was bei der inneren Angespanntheit seines Wesens nicht ohne Komplikationen abgehen konnte. Besonders peinlich war ihm die Aufforderung, zu dem von Varnhagen herausgegebenen Sammelband *Goethe in den Zeugnissen der Mitlebenden*, der im Herbst 1823 zum 74. Geburtstag des großen Weimarers erscheinen sollte, einen kurzen, lobenden Beitrag zu liefern. Heine druckste lange herum, brachte offenbar nur ein paar nichtssagende Zeilen aufs Papier und schickte das Ganze außerdem viel zu spät ab. In seinem entschuldigenden Begleitbrief vom 17. Juni 1823 nannte er dieses Produkt seiner prostituierten Muse einen "dumpfen, breiten Bilder- und Ideenwirrwarr" (HSA XX,94). Leider hat sich dieser Aufsatz nicht erhalten, da er Varnhagen wohl zu schlecht erschien oder auch wirklich zu spät ankam. Kurze Zeit darauf kam es zwischen Heine und Varnhagen zum offenen Bruch, weil sich beide zu stark in die Rollen Tassos und Antonios hineingesteigert hatten. Doch Heine knüpfte sofort wieder an, da ihm dieses Verhältnis einfach zu wichtig war. Aus diesem Grund schrieb er am 27. November 1823 mit diplomatischer Liebenswürdigkeit und zugleich kaum unterdrückter Ironie an Rahels Bruder in Berlin:

Göttingen: London-Schenke

> Lieber Robert, Sie können kaum glauben wie artig ich mich jetzt gegen Frau v. Varnhagen betrage, - ich habe jetzt, bis auf eine Kleinigkeit, den ganzen Göthe gelesen!!! Ich bin jetzt kein blinder Heide mehr, sondern ein sehender. Göthe gefällt mir sehr gut (HSA XX,125).

Noch deutlicher drückte er sich Christiani gegenüber aus, dem er am 29. Februar 1824 von seinem Plan berichtete, über kurz oder lang nach Berlin zu fahren. "Ich muß einigen Menschen, von denen meine künftige Stellung abhängt, wieder mahl den Hof machen", heißt es hier mit wünschenswerter Offenheit (HSA XX,146). Ja, Heine führte diese Absicht auch durch, reiste in den Osterferien 1824 nach Berlin und söhnte sich dort mit den beiden Varnhagens aus.

Dieselbe strategische Absicht lag sicher dem Besuch zugrunde, den Heine im Anschluß an seine Fußwanderung durch den Harz dem alten Goethe am 2. Oktober 1824 in Weimar abstattete. Die Anregung dazu empfing er wahrscheinlich durch seinen Göttinger Studienfreund Eduard Wedekind, der am 17. September 1823 bei Goethe vorgesprochen hatte und der Heine davon im Sommersemester 1824 ausführlich erzählt haben muß.[11] Wie fast alle Fremden führte sich Heine mit einem Brief bei Goethe ein, in dem er ihn an seine beiden Widmungsexemplare, die Varnhagens und den Berliner Philologen Friedrich August Wolf erinnerte, um nicht als völlig Unbekannter vor ihm zu stehen (HSA XX,175). Die Audienz selbst kann nur sehr kurz gewesen sein. Goethes Tagebuch verzeichnet lediglich "Heine von Göttingen".[12] Sonst scheint dieser Besuch bei Goethe keine Spur hinterlassen zu haben. Auch Heine schwieg sich anfangs – vor allem in der Korrespondenz mit Varnhagen – über den Abstecher nach Weimar weitgehend aus. Nur in einem Brief an seinen Intimus Moses Moser heißt es einmal lakonisch: "Ich war in Weimar; es giebt dort auch guten Gänsebraten" sowie "Das Bier in Weimar ist wirklich gut, mündlich mehr darüber" (HSA XX,180). Bei späterer Gelegenheit schrieb Heine lediglich, daß er Goethe bei seinem Besuch in Weimar erzählt habe, wie gut ihm "die Pflaumen auf dem Wege zwischen Jena und Weimar" geschmeckt hätten (DHA VIII,163). Seinem Bruder Maximilian berichtete er dagegen, daß er Goethe mit der frechen Äußerung verstört habe, auch einen *Faust* schreiben zu wollen. Darauf sei ihm Letzterer mit folgenden Worten in die Parade gefahren: "Haben Sie weiter keine Geschäfte in Weimar, Herr Heine?"[13]

All das sind selbstverständlich zur Pointe geschürzte Halbwahrheiten, obwohl sich Heine damals wirklich mit *Faust*-Plänen trug (HSA XX,192). Die Realität wird wohl viel prosaischer gewesen sein. Vielleicht haben die beiden lediglich Banalitäten ausgetauscht, wie es Willibald Alexis fünf Wochen vorher bei seinem Goethe-Besuch ergangen war.[14] Goethe sprach überhaupt mit Fremden ungern über Literatur, sondern bediente sich meist einer "kühl-konventionellen Art" der Gesprächsführung, die für junge Gemüter etwas leicht Fröstelndes hatte.[15] Obendrein wissen wir, daß 1823 die *Marienbader Elegie* entstanden war, die wie ein mühsam abgerungener Verzicht auf Jugend und Erneuerung wirkt. Goethe reagierte darum auf alles, was zum "jungen Blut" gehörte, in dieser Zeit besonders ressentimentgeladen.[16]

Ob bei diesem Zusammentreffen auf seiten Goethes auch ein antisemitischer Affekt mitgeschwungen hat, ist äußerst hypothetisch. Heine vermutete solche Dinge gern, wenn er auf menschliche Kälte stieß. Außerdem war Goethe in diesem Punkt etwas ambivalent. So verehrte er zwar das Alte Testament und auch einzelne große Juden wie Spinoza und Moses Mendelssohn, trat aber nicht unbedingt für eine allgemeine "jüdische Emanzipation" ein, wie Fritz Strich behauptet.[17] Ludwig Börne schrieb daher, daß sich

Illustration zur *Bergidylle* aus der *Harzreise*
von Johann Peter Lyser

Goethe, der "ratsfähige" Abgott der "herrschenden Partei", sehr über jene "Humanitätssalbader" geärgert habe, die sogar den Frankfurter Juden das Bürgerrecht einräumen wollten.[18] Doch selbst ein Nationalsozialist wie Franz Koch konnte in seinem Buch *Goethe und die Juden* (1937) im Hinblick auf Goethes "Antisemitismus" nur wenig überzeugendes Beweismaterial zusammentragen, das über solche Allgemeinheiten hinausgeht.[19]
Eins steht jedoch fest, nämlich daß Heine von seiner Begegnung mit Goethe einen tiefgehenden Schock davongetragen hat. Immer dann, wenn er etwas verschweigt oder mit zynischen Witzen umspielt, verbirgt sich dahinter eine echte Enttäuschung. Obendrein war er während dieser Zeit in einer besonders reizbaren Stimmung: das Examen drohte, sein *Rabbi von Bacherach* befriedigte ihn nicht, der Übertritt zum Protestantismus ließ sich nicht länger hinausschieben, seine beruflichen Aussichten waren dennoch schlechter denn je und auch andere berühmte Dichter, wie Uhland und Tieck, hatten seine Buch- und Briefsendungen unbeantwortet gelassen. Kein Wunder daher, daß er sich von allen verkannt und mißverstanden fühlte. Wohin er auch kam, sah er sich arroganten Aristokraten und widerwärtigen Antisemiten gegenüber (HSA XX,50 und 98), stieß er auf Schwierigkeiten oder Mißachtung und mußte schließlich erleben, daß ihn der adlige Herr von Goethe auf höchst "herablassende" Weise wie einen dummen Jungen oder bestenfalls Studenten behandelte. Wie mißgestimmt er deshalb nach Göttingen zurückkehrte, beweist eine kurze Mitteilung Ludwig Spittas an Adolf Peters, wo es heißt:

> Als er [Heine] die hernach von ihm beschriebene Harzreise im Sommer 1824 machte, besuchte er auch Goethe in Weimar und ließ hernach bei der Rückkehr nach Göttingen den ihn einholenden Kommilitonen gegenüber ganz unverhohlen seinem Verdruß darüber freien Lauf, daß Se. Excellenz ihn eigentlich nur ungebührlich kalt empfangen habe. Er fühlte sich eben in seinem Dichterstolz gekränkt und hatte mehr erwartet.[20]

Es verwundert daher nicht, daß sich seine *Harzreise*, die er kurz darauf verfaßte, in ihren Naturschilderungen und Naturbeschreibungen streckenweise fast wie eine Parodie auf Goethes *Werther* liest[21], ja mit dem ironischen Knalleffekt schließt: "Hörst du plötzlich den Schuß – Mädchen erschrick nicht! ich hab' mich nicht todt geschossen" (DHA VI,137).[22] Dennoch spürt man in diesem Reisebild überall, wie sehr sich Heine bemühte, seine antigoetheanische Gesinnung – trotz aller witzigen Seitenhiebe – nicht allzu offenkundig werden zu lassen. Für diese Taktik spricht zudem ein Brief an Christiani vom 26. Mai 1825, in dem Heine beteuerte, daß er sich geradezu "im Kriege mit Göthe" befinde, sich jedoch dieser Kriegszustand "nie äußerlich zeigen" werde (HSA XX,200). Wie gern er in dieser Zeit einmal richtig gegen Goethe vom Leder gezogen hätte, geht aus einer Tagebuchnotiz von Ludwig von Diepenbrock-Grüter hervor, mit dem Heine 1825 in Lüneburg verkehrte. In ihr heißt es: "Er, Heine, brenne, sich gegen ihn [Goethe] zu erklären, indes halte ihn seine Stellung in der schriftstellerischen Welt davon ab. Goethe sollte Gott danken, wenn er manche der Ideen hätte, die Walter Scott äußere."[23]
Die meisten Vergleiche, die Heine zwischen sich und Goethe in dieser Zeit anstellte, vertraute er nur einen engsten Freunden an. Und zwar schwingt in diesen Äußerungen häufig ein deutliches Minderwertigkeitsgefühl mit, das sich immer wieder in selbstbemitleidenden Klagen oder überspitzten Selbstüberhöhungen psychische Entlastungen zu verschaffen sucht. So schrieb er etwa am 11. Januar 1825 an Moses Moser, daß Goethe als Dichter zweifellos ein unüberbietbares "Talent" habe. Und dies sei

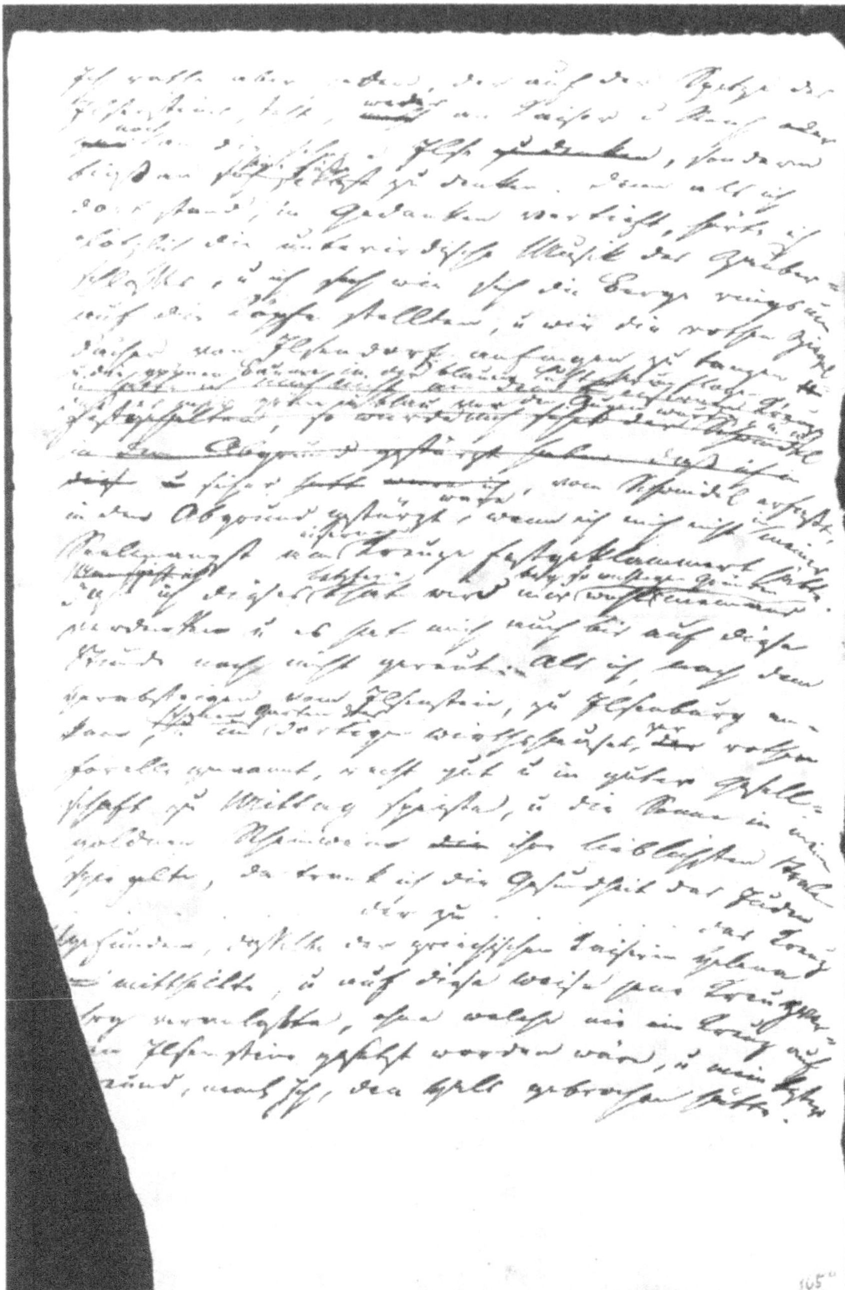

Heines eigenhändiges Manuskript zur *Harzreise*

der "letzte Grund", heißt es weiter, "warum so viele Poeten zu Grunde gehen, z.B. Ich!" (HSA XX,183) Sechs Monate später erklärte Heine dem gleichen Moser noch deutlicher, daß er und Goethe "zwey Naturen" seien, die sich "in ihrer Heterogenität" notwendig "abstoßen" müßten. "Er ist von Haus aus ein leichter Lebemensch", lesen wir in diesem Brief,

> dem der Lebensgenuß das Höchste, und der das Leben für und in der Idee wohl zuweilen fühlt und ahnt und in Gedichten ausspricht, aber nie tief begriffen und noch weniger gelebt hat. Ich hingegen bin von Haus aus ein Schwärmer, d.h. bis zur Aufopfrung begeistert für die Idee, und immer gedrängt mich in dieselbe zu versenken.

Ja, Heine schloß diesen Gedankengang mit dem auftrumpfenden Satz, daß es noch sehr die "Frage" sei, ob

> der Schwärmer, der selbst sein Leben für die Idee hingiebt, nicht in einem Momente mehr und glücklicher lebt als Herr v. Göthe während seines ganzen 76 jährigen egoistisch behäglichen Lebens (HSA XX,205).

Nicht minder offen drückte sich Heine in jenem Brief an Christiani aus, in dem er ihm von seinem Besuch bei Goethe berichtete. Hier heißt es:

> Da fühlte ich erst ganz klar den Contrast dieser Natur mit der meinigen, welcher alles Praktische unerquiklich ist, die das Leben im Grunde geringschätzt und es trotzig hingeben möchte für die Idee. Das ist eben der Zwiespalt in mir daß meine Vernunft in beständigem Kampf steht mit meiner angeborenen Neigung zur Schwärmerey. Jetzt weiß ich es auch ganz genau warum die götheschen Schriften im Grund meiner Seele mich immer abstießen, so sehr ich sie in poetischer Hinsicht verehrte (HSA XX,200).

Schon diese wenigen Äußerungen beweisen wohl zur Genüge, daß hinter Heines Aversion gegen Goethe in diesen Jahren nicht nur ein Gefühl gekränkter Eitelkeit stand. Woran sich Heine vor allem stieß, war die egoistische Selbstverliebtheit und der daraus resultierende politische Indifferentismus Goethes, die es ihm erlaubten, allem Ideellen und damit Sozialverpflichteten sorgfältig aus dem Wege zu gehen. Deshalb prangerte Heine auch andere Schriftsteller, die lediglich ihrem eigenen Lebensgenuß huldigten, in dieser Zeit unbarmherzig als überhebliche Schmarotzer und damit am Fortschritt des Weltgeistes Unbeteiligte an. Bedeutende Dichter waren für ihn in diesen Jahren nur jene, die sich vornehmlich mit progressionsbetonten Zeitproblemen auseinandersetzten. In diesem Punkte hielt er sich eng an Hegel, der in seinen *Vorlesungen über die Philosophie der Geschichte* die wahrhaft großen Männer als die "Geschäftsführer des Weltgeistes" bezeichnet hatte. "Zum ruhigen Genusse kamen sie nicht", heißt es hier, "ihr ganzes Leben war Arbeit und Mühe, ihre ganze Natur war nur ihre Leidenschaft."[24] Demzufolge wollte auch Heine in erster Linie ein aufmüpfiger Streiter auf dem Felde der allesbeherrschenden Geisteskonflikte sein. Der alte Goethe, der sich aus allen politischen und sozialen Konflikten dieser Ära wohlweislich heraushielt, anstatt sich mit der ganzen Wucht seines literarischen Prestiges gegen die reaktionären Auswirkungen der Metternichschen Restauration auszusprechen, konnte ihm daher keinen Respekt abnötigen.

Und so nahmen Heines aufmuckende Äußerungen gegen Goethe in der Folgezeit eher zu als ab. Durch den Erfolg seines *Lyrischen Intermezzos* und der ersten *Reisebilder*-Bände

Der Ilsenstein im Harz

wuchs auch in diesem Punkt seine Selbstsicherheit, so daß ihm manche seiner bisherigen Rücksichtnahmen allmählich belangloser erschienen. Hinzu kam, daß Heine im Herbst 1827 hinterbracht wurde, daß ihn Goethe – nach dem Erscheinen des zweiten Bandes seiner *Reisebilder* – einen "Gassenjungen" genannt habe (HSA XXIV,240). Darauf schrieb er am 30. Oktober des gleichen Jahres voller Wut an Moses Moser:

> Daß ich dem Aristokratenknecht Göthe mißfalle ist natürlich. Sein Tadel ist ehrend, seitdem er alles Schwächliche lobt. Er fürchtet die anwachsenden Titanen. Er ist jetzt ein schwacher, abgelebter Gott, den es verdrießt, daß er nichts mehr erschaffen kann. Raumer kann bezeugen, daß ich ihn schon vor 3 Jahren nicht mehr geliebt (HSA XX,302f.).

Ja, selbst Varnhagen gegenüber ließ Heine plötzlich die Maske fallen und erklärte ihm in einem Brief vom gleichen Tage:

> Ich werde es mit den Aristokraten noch mehr verderben. – Wolfgang Göthe mag immerhin das Völkerrecht der Geister verletzen; er kann doch nicht verhindern, daß sein großer Name einst gar oft zusammen genannt wird mit dem Namen H. Heine (HSA XX,304).

Aufgrund dieser offenen "Völkerrechtsverletzung" fühlte sich Heine nicht mehr bemüßigt, seinem emanzipatorischen Unmut gegen Goethes herablassendes Olympiertum weiterhin die Zügel der literarischen Dezenz anzulegen. Dafür spricht die positive Rezension der Literaturgeschichte von Wolfgang Menzel, in der Goethe unter burschenschaftlicher Perspektive vor allem politische "Prinzipienlosigkeit", erotische "Frivolität" sowie ein "raffinirter Epicuräismus" vorgeworfen werden[25], die Heine 1828 publizierte.[26] Hier schrieb er mit einem Male unumwunden:

> Die brütende Stimmung unzufriedener Großen ist ansteckend, und die Luft wird schwül. Das Prinzip der Goetheschen Zeit, die Kunstidee entweicht, eine neue Zeit mit einem neuen Prinzipe steigt auf, und [...] sie beginnt mit Insurrekzion gegen Goethe. [...]
> Der Alte! [...] Wie hübsch manierlich ist er geworden, wie ist ihm alle Rohheit jetzt fatal, wie unangenehm berührt es ihn, wenn er an die frühere xeniale, himmelstürmende Zeit erinnert wird, oder wenn gar andere, in seine alten Fußtapfen tretend, mit demselben Uebermuthe ihre Titanenflegeljahre austoben! (DHA X,247f.)

Ja, am Schluß verglich er Goethe sogar auf höchst maliziöse Weise mit einem "alten Räuberhauptmanne", der sich "vom Handwerk zurückgezogen hat, unter den Honorazioren eines Provinzialstädtchens ein ehrsam bürgerliches Leben führt" und "bis aufs Kleinlichste alle Philistertugenden zu erfüllen strebt" (DHA X,248).

Um Goethe zu zeigen, daß er das ehrenvolle Schimpfwort "Gassenjunge" auch wirklich verdiene, zögerte Heine in der Folgezeit nicht, in seiner Platen-Polemik der *Bäder von Lukka* und seinen Entwürfen zu den *Memoiren des Herren von Schnabelewopski* so viele "Zoten" wie nur möglich unterzubringen.[27] Allerdings ging es ihm dabei nie um das Obszöne an sich, sondern stets um eine revolutionäre Aufmüpfigkeit, mit der er sich unter die Gegner der herrschenden "Aristokraten" einreihen wollte. So habe er durch seinen Angriff auf Platen, wie er am 4. Januar 1830 Varnhagen versicherte, vor allem das "Wort Graf seines Zaubers zu entkleiden" versucht. Verglichen mit einem politischen Coup dieser Art, heißt es im gleichen Brief, sei der "Schiller-Göthesche Xenienkampf" doch nur ein "Kartoffelkrieg" gewesen. Damals herrschte noch die "Kunstperiode", heißt es weiter, "es galt den Schein des Lebens, die Kunst, nicht das Leben selbst – jetzt gilt es

Heinrich Heine
Zeichnung von Gottlieb Gassen, 1828

die höchsten Interessen des Lebens selbst, die Revoluzion tritt ein in die Literatur" Leider sei jedoch der "Deutsche von Natur servil", und die "Sache des Volks" habe in diesem Lande nie die nötige Popularität gehabt. Dennoch sei es wichtig, wie Heine mit demokratischer Perspektive fortfuhr, daß in dem anstehenden "Zeitkampf" jeder "das Seinige" tue (HSA XX,384f.).
Kurz darauf nannte er Goethe in einem weiteren Brief an Varnhagen ein ästhetisierendes "Zeitablehnungsgenie", dem es an der nötigen "Männlichkeit", das heißt Begeisterung und Tatgesinnung mangele. Hier beschuldigte er den alten Weimarer sogar, mit seinem Haß auf die Revolution von 1789 selbst auf Schiller "ungünstig" eingewirkt zu haben, wodurch aus Letzterem fast ein "Mitaristokrat" geworden sei (HSA XX,389f.). Ja, als 1830 in Paris die Julirevolution ausbrach, schlug Heine in diesem Punkt noch schärfere Töne an. Dafür spricht das am 29. November dieses Jahres verfaßte Nachwort zum vierten Band der *Reisebilder*, wo es heißt:

> Meine Seele bebt, und es brennt mir im Auge, und das ist ein ungünstiger Zustand für einen Schriftsteller, der den Stoff beherrschen und hübsch objektiv bleiben soll, wie es die Kunstschule verlangt, und wie es auch Goethe gethan - er ist achtzig Jahr dabey geworden, und Minister und wohlhabend - armes deutsche Volk! das ist dein größter Mann! (DHA VII,271)

Da jedoch Heine mit einer solchen Gesinnung, die sich immer deutlicher der Sehweise der Unteren gegen die Oberen anschloß, in Deutschland kaum Freunde gewann, siedelte er im Mai 1831 nach Paris über, um sich dort ganz dem Gefühl einer revolutionären Weltbürgerlichkeit hingeben zu können. Doch leider war das Ergebnis der Julirevolution von 1830 nicht jene allgemeine "liberté, égalité et fraternité", von der Heine vorher geträumt hatte. Auch in Paris regierten weiterhin die Oberen, wenn auch nicht mehr in Form der älteren Adelskreise, sondern in Form der neuen Bank- und Industriemagnaten, die sich mit König Louis-Philippe gegen die von unten andrängenden proletarischen Schichten verbanden. Aufgrund dieser komplizierten sozio-ökonomischen Ausgangslage verstrickte sich Heine in den folgenden Jahren in viele ideologische Widersprüche. Einerseits sympathisierte er weiterhin mit den berechtigten sozialen Forderungen der breiten Massen, andererseits versuchte er an einem bürgerlichen Liberalismus festzuhalten, der betont subjektorientiert war.[28] Als einen Ausweg aus diesem Dilemma betrachtete er zeitweilig den Anschluß an die Saint-Simonisten, welche zwar wie er ebenfalls von emanzipatorischen Bestrebungen ausgingen, aber dabei den Hauptakzent zusehends aus dem Ökonomisch-Sozialen ins Ästhetisch-Erotische verlagerten.
Und diese neue Positionsbestimmung färbte auch auf Heines Verhältnis zu Goethe ab. Während er 1831 und 1832 weiterhin gegen den "Goetheschen Egoismus" (DHA XII,46) polemisierte, wurde er in den folgenden Jahren in seiner Einstellung dem 1832 verstorbenen Weimarer gegenüber wesentlich milder. Das beweist schon seine Schrift *Zur Geschichte der neueren schönen Literatur in Deutschland*, die im April 1833 in Paris beim Verlag Heideloff und Campe erschien. Zwar sprach Heine auch hier wiederum vom notwendigen Ende der "goetheschen Kunstperiode" (DHA VIII,125), von der herablassenden Art, mit der Goethe alle "Kleingeister" gelobt und jeden "selbstständigen Originalschriftsteller" bewußt übersehen habe (DHA VIII,150), von der "Starrheit und Kälte" vieler goethescher Gestalten, die überhaupt keine "Menschen", sondern "unglückliche Mischlinge von Gottheit und Stein" seien (DHA VIII,155), wie auch von Goethes Abneigung gegen jeden ideellen "Enthusiasmus" (DHA VIII,466), durch die er

zu einem apolitischen "Indifferentisten" geworden sei[29] und sich lieber mit "Kunstspielsachen, Anatomie, Farbenlehre, Pflanzenkunde und Wolkenbeobachtungen" als mit gesellschaftlichen Fragen beschäftigt habe (DHA VIII,467), lobte ihn aber wegen seiner entschiedenen Stellungnahme gegen das "dumpfig katholische Treiben" der von mystischen Wahngefühlen ergriffenen Romantiker (DHA VIII,149). Ja, Heine ging dabei soweit, die Goethe zugeschriebene Schrift *Neu-deutsche religios-patriotische Kunst*[30], mit der er die Schlegels aus dem Tempel der deutschen Literatur vertrieben und seine "Alleinherrschaft" begründet habe, mit dem 18. Brumaire Napoleon Bonapartes zu vergleichen (ebd.). Lediglich Goethe habe es wie ein neuer Griechengott gewagt, heißt es kurz darauf (DHA VIII,155), die unheilige Allianz von Wanzen, Knoblauch, Tabak und christlichem Kreuz öffentlich anzuprangern und damit all jene Pietisten und Orthodoxen auf den Plan zu rufen, die ihn im Laufe seines letzten Lebensjahrzehnts – mit dem Rückenwind der Metternichschen Restauration – immer wieder als einen Feind jeder Moral angegriffen hätten. Um nicht mit solchen Muckern und Duckmäusern in einen Topf geworfen zu werden, milderte deshalb Heine in dieser Schrift, der er später den Titel *Die romantische Schule* gab, seine Goethe-Kritik deutlich ab und erklärte mit lapidarer Eindringlichkeit: "Nun Goethe todt ist bemächtigt sich meiner darob ein wunderbarer Schmerz" (DHA VIII,125).
Ja, in den folgenden Jahren, in denen sich Heines Gegnerschaft zu dem Anti-Goetheaner und Verächter aller erotisch-emanzipatorischen Tendenzen Ludwig Börne immer stärker zuspitzte, ließ er nicht davon ab, sich mehrfach zu dem unchristlichen, nackten "Wolfgang Apollo" zu bekennen, wie er ihn schon einmal in seiner Frühzeit genannt hatte (DHA VI,146), dessen sensualistischer Pantheismus sowohl den biedermeierlichen Reaktionären als auch den neojakobinischen Moraltrompetern zwangsläufig ein Stachel im Fleische sein müsse. Eine philosophische Untermauerung dieser allmählich immer positiver werdenden Goethe-Sicht gab Heine dann 1835 in seiner Schrift *Zur Geschichte der Religion und Philosophie in Deutschland.* In ihr wird Goethe vornehmlich als ein "großer Heide" hingestellt, der allerdings den alten Paganismus auf eine wundersame Weise "modernisirt" habe. "Seine starke Heidennatur", heißt es hier, "bekundet sich in dem klaren, scharfen Auffassen aller äußeren Erscheinungen, aller Farben und Gestalten; aber das Christenthum hat ihn zu gleicher Zeit mit einer tieferen Verständniß begabt." Und dadurch sei Goethe fähig gewesen, "die Leiden eines jungen Werthers eben so stark" mitzuempfinden "wie die Freuden eines alten Griechengotts". Sein Pantheismus sei also nicht nur "heidnischer" Art, sondern habe auch Gefühlsweisen des 18. Jahrhunderts in sich aufgenommen, vor allem solche spinozistischer Art (DHA VIII, 100f.). Allerdings mischen sich in dieser Schrift in Heines höchst positive Sehweise Goethes auch einige ironische Seitenlichter. So wird etwa Goethe an einer Stelle als ein "Riese" charakterisiert, der sich in Weimar genauso still verhalten habe wie der sitzende Jupiter des Phidias im Tempel zu Olympia, der beim Aufstehen sicher den "Staatsgiebel" durchbrochen oder sich den Kopf zerstoßen hätte. Also blieb er lieber sitzen, heißt es weiter, "und ließ sich ruhig anbeten und beräuchern" (DHA VIII,102).
Noch positiver wirkt Heines Goethe-Bild in seinem Buch *Ludwig Börne. Eine Denkschrift* von 1840, in dem er den Gegensatz zwischen Spiritualismus und Sensualismus auf den Antagonismus zwischen Nazarenern und Hellenen zurückzuführen versucht. Da Börne sowohl Goethe als auch Heine mehrfach eines gewissenlosen Epikuräertums bezichtigt hatte, mußte sich Heine in dieser Schrift notwendig auf die Seite Goethes stellen und dabei saint-simonistische Positionen verteidigen, die auch der

alte Weimarer sicher gutgeheißen hätte. Der "kleine Nazarener" Börne, also ein Mensch mit "ascetischen, bildfeindlichen, vergeistigungssüchtigen Trieben", lesen wir hier, konnte dem "großen Griechen" Goethe, also einem "lebensheiteren, entfaltungsstolzen und realistischen" Menschen, ebenso wenig abgewinnen wie dem "lebensheiteren" Heine (DHA XI,18f.). Solchen Nazarenern, heißt es weiter, fehle eben die "Majestät der Genußseligkeit". Wonach es sie dränge, sei ein republikanisches "Martyrthum", das deutlich an die "Passionssucht der frühen Christen" erinnere. So gesehen, stammten alle Spiritualisten von den alten Hebräern ab. Heine zögerte daher nicht, in seiner Börne-Denkschrift selbst Pustkuchen, Hengstenberg und Menzel, die sich mit "pharisäischem Zeter" gegen den "großen Heiden" Goethe aufgelehnt hätten, als nazarenisch gesinnte "Juden" zu bezeichnen (DHA XI,45).
Mit solchen Argumenten versuchte Heine zweierlei zu erreichen. Zum einen wollte er sich durch seinen betonten Sensualismus von dem Verdacht reinigen, in den späten zwanziger Jahren aufgrund eines "jüdischen" Ressentiments gegen den alten Goethe opponiert zu haben, zum anderen wollte er nicht verdächtigt werden, ein auf eine terroristische Revolution drängender Neojakobiner wie Börne zu sein, dem es einzig und allein danach gedrängt habe, sich eine rote Mütze aufzusetzen und einen neuen Barrikadensturm zu entfesseln. Wie wenig es Heine um solche Gelüste ging, ja wie er in diesen Jahren immer wieder die Regierungsform einer konstitutionellen Monarchie verteidigte und daher den "Bürgerkönig" Louis-Philippe als einen durchaus akzeptablen Regenten hinstellte, beweisen seine *Lutezia*-Artikel der gleichen Jahre zur Genüge.
Daß sich Heine durch diesen ideologischen Frontwechsel den Verdacht eines politischen Opportunismus zuzog, konnte bei den innenpolitischen Spannungen dieser Ära kaum ausbleiben. Schließlich hatte er während der Pariser Julirevolution von 1830 aus seinen revolutionären Gesinnungen kein Hehl gemacht und dabei auch Goethe unter die "Aristokratenknechte" eingereiht. Was sollten also seine ehemaligen Anhänger unter den Jungdeutschen von dieser politischen Umorientierung Heines halten?[31] Nun, die meisten von ihnen hatten nach 1835, das heißt nach dem Bundestagsverbot ihrer Schriften, ebenfalls ihren Frieden mit dem Juste milieu geschlossen. Von dieser Seite her erwuchsen darum Heine um 1840 keine neuen Gegner. Anders sah es mit jener Gruppe junger Schriftsteller aus, die nach 1840 mit national-demokratischem Eifer die literarische Bühne betrat und die wir heute als "Vormärzler" bezeichnen. Auch unter ihnen befanden sich zwar noch eine Reihe Anti-Goetheaner, doch verloren ihre Anschauungen im Zuge der Zuspitzung der innenpolitischen Situation, die durch den Weberaufstand von 1844 eingeleitet wurde, zusehends an Relevanz, mit anderen Worten: konnten bei weitem nicht mehr jene Aufmerksamkeit auf sich ziehen wie die Polemiken der Anti-Goetheaner der zwanziger Jahre. Schließlich ging es den meisten Autoren der Jahre zwischen 1840 und 1848 eher um den politischen Tatwillen als um die Rolle der Kunst im Gesellschaftsleben. Und selbst jene, die wie Georg Gottfried Gervinus die Werke Goethes weiterhin verehrten, schätzten sie nicht mehr um ihrer Aktualität willen, sondern betrachteten sie bereits als einen Teil des historisch gewordenen literarischen Erbes.[32]
Angesichts dieser neuen Situation verabschiedete sich auch Heine von dieser Thematik und den mit ihr verbundenen Auseinandersetzungen. Jedenfalls finden sich in seinen Werken der Folgezeit immer weniger Hinweise auf Goethe. Lediglich durch die Einladung des Londoner Theaterdirektors Benjamin Lumley, doch den Faust-Stoff zu einem *Tanzpoem* zu verarbeiten, geriet er 1847 noch einmal in Goethe-Nähe. Im Sinne

Umschlagzeichnung zur Erstausgabe von Heines *Doktor Faust*

des gewünschten Ballett-Szenarios verwandelte Heine hier die Mephisto-Figur in eine verführerisch tänzelnde Mephistophela, verhielt sich also – trotz der kolportagehaften Schlußszene – dem Stoff gegenüber fast goethescher als Goethe selbst, indem er mit subversiver Absicht vor allem die lebensbejahenden, also heidnischen und saint-simonistischen Interpretationsmöglichkeiten der Faust-Sage verstärkte.
Doch danach hörte Heines Auseinandersetzung mit Goethe fast völlig auf. Indem er 1848 physisch zusammenbrach und die restlichen acht Jahre seines Lebens im Krankenbett verbringen mußte, konnte er seinem bisherigen Konzept eines neuheidnischen, saint-simonistischen Lebens, das sich an "Nektar und Ambrosia, Purpurmänteln, kostbaren Wohlgerüchen, Wollust und Pracht, lachendem Nymphentanz, Musik und Comödien" erfreut, von dem er einmal in seiner Schrift *Zur Geschichte der Religion und Philosophie in Deutschland* geschwärmt hatte (DHA VIII,61), nur noch wie einer verlorenen Utopie nachtrauern. Schließlich war er durch den Verfall seines Körpers selbst einer jener Nazarener geworden, über die er sich noch wenige Jahre zuvor lustig gemacht hatte. Daher schrieb er am 15. April 1849 in einer kurzen Notiz für die Augsburger *Allgemeine Zeitung*, um sein deutsches Publikum über seinen angegriffenen Gesundheitszustand zu informieren:

> Unterdessen, ich will es freymüthig gestehen, ist eine große Umwandlung mit mir vorgegangen: ich bin kein göttlicher Bipede mehr; ich bin nicht mehr der "freyeste Deutsche nach Goethe", wie mich Ruge in gesündern Tagen genannt hat; ich bin nicht mehr der große Heide Nr. II, den man mit dem weinlaubumkränzten Dionysos verglich, während man meinem Collegen Nr. I den Titel eines großherzoglich weimarschen Jupiters ertheilte; ich bin kein lebensfreudiger etwas wohlbeleibter Hellene mehr, der auf trübsinnige Nazarener heiter herablächelt – ich bin jetzt nur ein armer, todtkranker Jude, ein abgezehrtes Bild des Jammers, ein unglücklicher Mensch! (DHA XV,112).

Was darauf folgte, wissen wir: Jahre eines unmenschlichen Leidens, die Heine nur mit immer größeren Morphiumdosen durchstehen konnte, in denen er sich aber nichtsdestotrotz weiterhin auf "verlor'nem Posten" für die allgemeine Befreiung aller Leidenden, Ausgebeuteten und Unterdrückten einsetzt, ja gegen Ende seines Lebens sogar noch mit dem Kommunismus zu sympathisieren begann.[33] Doch von unbarmherzig geprügelten Negersklaven wie dem Onkel Tom in Harriet Beecher Stowes gleichnamigem Roman oder jenen "armen Mütterlein", die sogar der Labsal des Kaffees entbehren müßten, auf die Heine in seinen *Geständnissen* und im Vorwort zur französischen Ausgabe seiner *Lutezia* (DHA XV,42 und XIII,167) zu sprechen kommt, wollte die Mehrheit der deutschen Literaturkritiker der Nachmärz-Ära und der darauf folgenden Gründerzeit nichts mehr wissen. Sie hoben statt dessen lieber die beiden ins Unpolitisch-Olympische verklärten Klassiker von Weimar auf den Sockel. Während also Goethe und Schiller in den Jahrzehnten nach den gescheiterten Volksaufständen der Jahre 1848/49 fast zu Halbgöttern aufstiegen, wurden Heine, dem Kritiker eines unpolitischen Klassizismus, dem saint-simonistisch inspirierten Sensualisten, dem rebellischen Linkshegelianer wie auch dem Anwalt der Schutzlosen und Niedrigstehenden, immer mehr Schimpfwörter angehängt, mit denen man ihn als vaterlandsvergessenen Französling, aufgeilenden Erotiker oder jüdisch "zersetzenden" Intellektuellen zu diffamieren versuchte[34], um ihn so aus dem deutschen Geistesleben auszuschalten. Zugegeben, seine allgemein-menschlich verstandenen Liebesgedichte aus dem *Buch der Lieder* sowie die angeblich "humorigen" Partien aus der *Harzreise* erfreuten sich innerhalb des liberalen Flügels der bildungsbürgerlichen Schichten weiterhin einer erstaunlichen Beliebtheit, aber große Teile seiner sonstigen Schriften – vor allem die politischen und philosophischen Essays, die Polemiken gegen Goethe, Platen, August Wilhelm Schlegel und Börne wie auch die sozialethischen Partien seiner Spätwerke – gerieten zusehends in Vergessenheit oder gar in Verruf.

Ihren Höhepunkt erlebt diese Entwicklung in den Jahren nach 1933, als die Nationalsozialisten die Olympier Goethe und Schiller noch einmal rangmäßig anhoben und zu Großmeistern des deutschen Geistes ernannten, während sie Heine auf alle Zeiten aus dem Gedächtnis der Deutschen auszumerzen versuchten. Durch diesen bereits im späten 19. Jahrhundert einsetzenden Verdrängungs- und Umschichtungsprozeß konnte es schließlich dazu kommen, wie Fritz Strich 1947 – nach der Niederschlagung des Hitler-Regimes – in seinem Essay *Goethe und Heine* behauptete, daß die "politische und soziale Entwicklung des deutschen Volkes" weniger von Heine als von Goethe beeinflußt wurde.[35] Und dies sei ein großer "Nachteil" gewesen, da sich auf diese Weise in Deutschland kein liberal-kritischer, sondern ein konservativ-autoritärer Geist durchgesetzt habe. Eine solche Sicht mag zwar leicht übertrieben sein, da sie Goethe zu stark ins autoritäre Lager abschiebt und zugleich von einer bildungsbürgerlichen Überschätzung hochkultureller Diskurse ausgeht, läßt sich aber dennoch – unter gesellschaftspolitischen Aspekten – nicht ganz von der Hand weisen. Schließlich haben auch Wandlungen im geistig-literarischen Überbau einer Nation manchmal nicht zu unterschätzende Wirkungen. Und dazu gehörten auch jene ideologischen Strömungen, die sich nach 1848/49 und dann verstärkt nach 1871 im Rahmen der deutschen Führungsschichten mit immer größerer Emphase auf den "Geist von Weimar" beriefen und so zu einer Vorherrschaft autokratischer Sehweisen beitrugen.

Daß diese Entwicklung dem Ansehen Goethes höchst zuträglich und dem Ansehen Heines höchst abträglich war, ist leider eine historische Tatsache. Und einer der Hauptgründe dafür war der grundsätzliche Unterschied in der sozialen Grundierung ihrer Werke, der sich sogar in ihren bürgerlich-liberalen, ja manchmal fast ans Arrogante grenzenden Anschauungen äußerte. Während Goethes olympischem Hochmut fast immer ein eigensinniges, wenn nicht gar aristokratisches Überlegenheitsgefühl zugrundeliegt, das für viele Vertreter der älteren Oberschichten bezeichnend ist, lassen sich selbst Heines elitärste Äußerungen stets auf leicht zu durchschauende Überkompensationsbestrebungen zurückführen, mit denen er sich über die grundsätzliche Misere seiner zwar assimilationsbereiten, aber dennoch nicht integrierten jüdischen "Außenseiter"-Existenz hinwegzusetzen versuchte.[36] Und daraus ergeben sich Unterschiede, die auch mit einem ideologiekritisch ungeschulten Auge unschwer zu erkennen sind.

Um zum Schluß zu kommen: Genauer betrachtet läßt sich Heine nur dann verstehen, wenn man bei der Lektüre seiner Werke nie jenen "Blick von unten" vergißt, mit dem er als relativ armer Judenjunge aufwuchs und den er auch später – außer in den Jahren seiner saint-simonistischen Euphorie der frühen dreißiger Jahre – stets beibehalten hat. Goethe, der aus einem sogenannten besseren Hause stammte und in Weimar in eine wohlhonorierte Ministerposition aufstieg, hat dagegen nie jenen "Blick von oben" verloren, mit dem er sich die "Affekzion unserer Großen" erwarb, wie schon der junge Heine bemerkte (DHA VI,29). Heines Werke sind deshalb eher von den aufmüpfigen Schichten, Goethes Werke eher von den Oberen geschätzt und vereinnahmt worden. Ich weiß, wie alle grobschlächtigen Gegenüberstellungen ist auch eine solche Pauschalisierung zwangsläufig etwas platt. Dennoch solle sie niemand, der sich überhaupt auf Vergleiche dieser Art einläßt und obendrein noch deren ideologische Auswirkungen mitberücksichtigt, von vornherein unterschätzen. Schließlich ist die Literatur immer nur eine "schöne Nebensache", um noch einmal den frühen Heine zu zitieren (HSA XX,62), während das Politische und das Soziale unser ganzes Leben bestimmen.

Anmerkungen

Die Heine-Texte werden zitiert nach der Düsseldorfer Ausgabe: Heinrich Heine. Historisch-kritische Gesamtausgabe der Werke. In Verbindung mit dem Heinrich-Heine-Institut hrsg. von Manfred Windfuhr. Bd. I-XVI. Hamburg 1973-1997 (= DHA).
Die Briefauszüge werden zitiert nach der Heine-Säkularausgabe: Werke, Briefwechsel, Lebenszeugnisse. Hrsg. von den Nationalen Forschungs- und Gedenkstätten der klassischen deutschen Literatur in Weimar (seit 1991: Stiftung Weimarer Klassik) und dem Centre National de la Recherche Scientifique in Paris. Berlin/Paris 1970ff. (= HSA).

[1] Vgl. hierzu meinen Aufsatz: Heine contra Platen. Zur Anatomie eines Skandals. - In: Signaturen. Heinrich Heine und das 19. Jahrhundert. Hrsg. von Rolf Hosfeld. Berlin 1986, S. 108-120.

[2] Vgl.: Ludwig Börne: Denkrede auf Jean Paul. - In: L.B.: Sämtliche Schriften. Hrsg. von Inge und Peter Rippmann. Düsseldorf 1964, Bd. I, S. 789-797.

[3] Vgl.: Goethe im Urteil seiner Kritiker. Dokumente zur Wirkungsgeschichte Goethes in Deutschland. Hrsg. von Karl Robert Mandelkow. München 1975, Bd. I, S. 358-488.

[4] Zu der Frage, warum sich Heine weder Harry Heine noch Heinrich Heine nannte, sondern den Namen H. Heine bevorzugte, vgl. meinen Aufsatz: Der "deutsche" Jude H. Heine. - In: Dichter und ihre Nation. Hrsg. von Helmut Scheuer. Frankfurt a.M. 1993, S. 257-272.

[5] Wie lange sich in Deutschland die Legende erhielt, daß Heine Zeit seines Lebens ein Goethe-Verehrer gewesen sei, belegen vor allem folgende Schriften: Walter Robert-tornow: Goethe in Heines Werken. Berlin 1883, S. 7; - Ernst Elster: Einleitung zu Heinrich Heines Sämtliche Werke. Leipzig 1887ff., Bd. I, S. 17f.; - Gustav Karpeles: Goethe und Heine. - In: ders.: Heinrich Heine und seine Zeitgenossen. Berlin 1888, S. 41; - Eduard Grisebach: Das Goethesche Zeitalter der deutschen Dichtung. Leipzig 1891, S. 143; - Oskar Kanehl: Der junge Goethe im Urteil des Jungen Deutschland. Greifswald 1913, S. 73; - Erich Loewenthal: Studien zu Heines "Reisebildern". Berlin 1922, S. 85; - Heinrich Teweles: Goethe und die Juden. Hamburg 1925, S. 98-101; - Fritz Strich: Goethe und Heine.- In: ders.: Der Dichter und die Zeit. Bern 1947, S. 194. - Eine Korrektur dieses Bildes setzte erst in den folgenden Arbeiten ein: Walter Wadepuhl: Heines Verhältnis zu Goethe. - In: Jahrbuch der Goethe-Gesellschaft. N.F. XVIII (1956), S. 121-131; - Ulrich Maché: Der junge Heine und Goethe. - HJb 1965, S. 42-47; - Christoph Trilse: Das Goethe-Bild Heinrich Heines. - In: Jahrbuch der Goethe-Gesellschaft. N.F. XXX (1968), S. 154-191; - Jost Hermand: Werthers Harzreise. - In: ders.: Von Mainz nach Weimar. Studien zur deutschen Literatur. Stuttgart 1969, S. 129-151; - Karl Robert Mandelkows Einleitung zu seiner Dokumentensammlung [Anm. 3], Bd. I, S. LXVIII-LXXIII; - Robert C. Holub: Heinrich Heine's Reception of German Grecophilia. Heidelberg 1981, S. 59-86; - George F. Peters: "Der große Heide Nr. 2". Heinrich Heine and the Levels of His Goethe Reception. New York 1989.

[6] Vgl. meinen Aufsatz: Vom "Buch der Lieder" zu den "Verschiedenen". Heines zweimalige Partnerverfehlung. - In: Heinrich Heine. Ästhetisch-politische Profile. Hrsg. von Gerhard Höhn. Frankfurt a. M. 1991, S. 214-236.

[7] Vgl. Jost Hermand: Eine Jugend in Deutschland. Heinrich Heine und die Burschenschaft. - In: Gegenseitige Einflüsse deutscher und jüdischer Kultur. Hersg. von Walter Grab. Tel Aviv 1982, S. 111-133.

[8] Vgl. Hartmut Kircher: Heinrich Heine und das Judentum. Bonn 1973, S. 106-112; - Ludwig Rosenthal: Heinrich Heine als Jude. Frankfurt a.M. 1973, S. 118-145; - Edith Lutz: Der "Verein für Cultur und Wissenschaft der Juden" und sein Mitglied H. Heine. Stuttgart 1997.

[9] Vgl. Kircher [Anm. 8], S. 104-106.

[10] An anderer Stelle nennt Heine in den *Briefen aus Berlin* Goethe den "Ali Pascha unserer Literatur", der allgemein als ein alter, böser, skrupelloser Tyrann angesehen wurde (DHA VI, 49f./466).

[11] Vgl. Eduard Wedekind: Studentenleben in der Biedermeierzeit. Ein Tagebuch aus dem Jahr 1824. Hrsg. von H.H. Houben. Göttingen 1927, S. 86.

[12] WA III,9.277. - Vgl. zum Folgenden auch meinen *Harzreise*-Kommentar, DHA VI,518-522.

[13] Vgl. H. H. Houben: Gespräche mit Heine. Frankfurt a. M. 1926, S. 90f.

[14] Abgedruckt in der Gesamtausgabe von Goethes Gesprächen. Hrsg. von F. von Biedermann. Leipzig 1910, Bd. III, S. 128f.

[15] Vgl. Strich [Anm. 5], S. 188.

[16] Goethe: Lyrische Dichtungen in zeitlicher Folge. Leipzig 1961f., Bd. II, S. 294.

[17] Vgl. Strich [Anm. 5], S. 192.

[18] Börne [Anm. 2], Bd. II, S. 857.

[19] Franz Koch: Goethe und die Juden. Hamburg 1937, S. 8, 13, 26.

[20] Zit. in der Einleitung zu Philipp Spitta: Psalter und Harfe. Gotha 1890, S. II.

[21] Vgl. hierzu auch meinen Aufsatz: Werthers Harzreise [Anm. 4], S. 139-146.

[22] Vgl. auch das 55. Gedicht des Zyklus *Heimkehr*, das mit den Zeilen schließt:
Glaub' nicht, daß ich mich erschieße,
Wie schlimm auch die Sachen stehn!
Das Alles, meine Süße,
Ist mir schon einmal geschehn. (DHA I,269)

[23] Vgl. Karl Schulte Kemminghausen: Tagebuchaufzeichnungen des westfälischen Freiherrn Ludwig von Diepenbrock-Grüter über Heine. - In: Festschrift für Jost Trier. Meisenheim 1954, S. 294.

[24] Georg Wilhelm Friedrich Hegel: Jubiläumsausgabe. Bd. XI, S. 61.

[25] Vgl. hierzu den Kommentar der DHA X,635.

[26] Lediglich Varnhagen gegenüber erklärte Heine weiterhin ausweichend: "Die Stellen über Göthe in Menzels Literaturgeschichte habe ich nicht ohne Schmerzen lesen können. Ich möchte sie für keinen Preiß geschrieben haben. Wo denken Sie hin, lieber Varnhagen, Ich, Ich gegen Göthe schreiben! [...] Der jetzige Gegensatz der Göthischen Denkweise, nemlich die deutsche Nazionalbeschränktheit und der seichte Pietismus sind mir ja am fatalsten. Deßhalb muß ich bey dem großen Heiden aushalten, quand même - [...] Gehöre ich auch zu den Unzufriedenen, so werde ich doch nie zu den Rebellen übergehen." Kurz bevor Heines Rezension erschien, schrieb er am 6. Juni 1828 abwiegelnd an die Varnhagens: "In 8 Tagen bekommt Ihr diesen Aufsatz - laßt Gnade vor Recht ergehen - setzt mich nicht ab." (HSA XX, 307 und 333).

[27] Vgl. hierzu Wadepuhl [Anm. 5], S, 125-130.

[28] Vgl. meine Aufsatz: Tribune of the People or Aristocrat of the Spirit? Heine's Ambivalence Toward the Masses. - In: Heinrich Heine's Contested Identities. Hrsg. von Jost Hermand und Robert C. Holub. New York 1998, S. 155-164.

[29] Vgl. hierzu auch Fritz Mende: "Indifferentismus". Bemerkungen zu Heines ästhetischer Terminologie. - In: HJb 1976, S. 11-22.

[30] Der Text, verfaßt von Heinrich Meyer, erschien 1817 in Goethes Zeitschrift *Ueber Kunst und Alterthum* und wurde allgemein, auch von Heine, für eine Schrift Goethes gehalten.

[31] Zur anti-goetheschen Gesinnung der Jungdeutschen vgl. u.a.: Das Junge Deutschland. Texte und Dokumente. Hrsg. von Jost Hermand. Stuttgart 1966, S. 21-30; - Helmut Koopmann: Das Junge Deutschland. Analyse seines Selbstverständnisses. Stuttgart 1970, S. 114-131; - Wolfgang Leppmann: Goethe und die Deutschen. Bern 1982, S. 74-76.

[32] Vgl. hierzu Jost Hermand: Geschichte der Germanistik. Reinbek 1994, S. 44-46.

[33] Vgl. meinen Aufsatz: Die soziale Botschaft der "Geständnisse". - In: Ich Narr des Glücks. Heinrich Heine 1797-1856. Hrsg. von Joseph A. Kruse u.a. Stuttgart 1997, S. 313-318.

[34] Vgl. hierzu Paul Peters: Heinrich Heine "Dichterjude". Die Geschichte einer Schmähung. Frankfurt a.M. 1990.

[35] Strich [Anm. 5], S. 195.

[36] Vgl. Hans Mayer: Außenseiter. Frankfurt a.M. 1981, S. 205-223.

Johann Wolfgang von Goethe
Büste von Chr. F. Tieck, 1820

Zeittafel zu Johann Wolfgang von Goethes Leben und Werk

1749	Johann Wolfgang Goethe wird am 28. August. in Frankfurt/M. geboren, protestantisch getauft.
1765	Jurastudium in Leipzig Abbruch des Studiums, schwere Erkrankung, Aufenthalt bei den Eltern in Frankfurt/M.
1770/71	Studienabschluß in Straßburg. Als Rechtsanwalt in Frankfurt/M. tätig. Angeregt durch die Begegnung mit Friederike Brion entstehen die *Sesenheimer Lieder (Es schlug mein Herz, geschwind zu Pferde; Maifest*).
1772	Als Rechtspraktikant beim Reichskammergericht in Wetzlar
1773	*Götz von Berlichingen*
1774	Rheinreise. Besuch in Düsseldorf bei dem Philosophen Friedrich Heinrich Jacobi *Die Leiden des jungen Werthers.* Der Roman wird zum Kult-Buch. Eine "Werther-Epidemie" bricht aus: Werther-Mode, Werther-Feiern, Werther-Selbstmorde. Zahlreiche Werther-Anspielungen finden sich in Gedichten und Prosatexten von Heine.
1775	Verlobung mit Lili Schönemann Auf Einladung des Herzogs Carl August von Sachsen-Weimar-Eisenach Übersiedlung nach Weimar. Enge Beziehung zu Charlotte von Stein (bis 1786)
1777	*Harzreise im Winter*
1779	*Iphigenie auf Tauris* (Prosafassung) Ernennung zum Geheimen Rat
1780	Aufnahme in die Freimaurerloge *Über allen Gipfeln*
1782	Kaiser Joseph II. verleiht Goethe den erblichen Adelstitel. Goethe bewohnt das Haus am Frauenplan; heute als Goethe-Wohnhaus zu besichtigen. *Erlkönig*

Christiane von Goethe

1784 Bei Studien der Anatomie kann Goethe den menschlichen Zwischenkieferknochen nachweisen, dessen Existenz bis dahin in der Wissenschaft umstritten war.

1786/87 Italienreise (Venedig, Rom, Neapel, Pompeji, Sizilien)
Goethes Schriften werden bei G.J. Göschen in Leipzig ediert (8 Bände bis 1790).
Egmont

1788 Weimar. Lebensgemeinschaft mit Christiane Vulpius (1765-1816), die er 1806 heiratet. Von den fünf Kindern erreicht nur der Sohn August (1789-1830) das Erwachsenenalter.

1789 Französische Revolution; Goethe reagiert mit grundsätzlicher Ablehnung.
Torquato Tasso

1790 Italienreise (Venedig)

1791 Goethe wird Intendant des neueröffneten Weimarer Hoftheaters.

1792 Goethes Schriften erscheinen bei J.Fr. Unger in Berlin (7 Bände bis 1800).
Auf Bitten des Herzogs nimmt Goethe auf Seiten Preußens am Feldzug gegen Frankreich teil. Die Revolutionstruppen besetzen Mainz und Frankfurt.
Zweiter Besuch bei Jacobi in Düsseldorf

1793 Goethe nimmt an der Rückeroberung von Mainz teil.

1794 Begegnung und Arbeitsgemeinschaft mit Friedrich Schiller (1759-1805)

1795 *Wilhelm Meisters Lehrjahre*

1796 *Xenien*, gemeinsam mit Schiller geschrieben

1797 *Hermann und Dorothea* und *Der Zauberlehrling*

1798 Goethe wird Herausgeber der Halbjahreszeitschrift *Propyläen*.

1807 Goethes Werk erscheint bei J. F. Cotta, Tübingen (13 Bände 1807-1810).

1808 *Faust. Der Tragödie erster Teil*
In Erfurt Begegnung mit Napoleon, den Goethe zeitlebens als außerordentlichen Helden verehrt.

1809 *Die Wahlverwandtschaften*

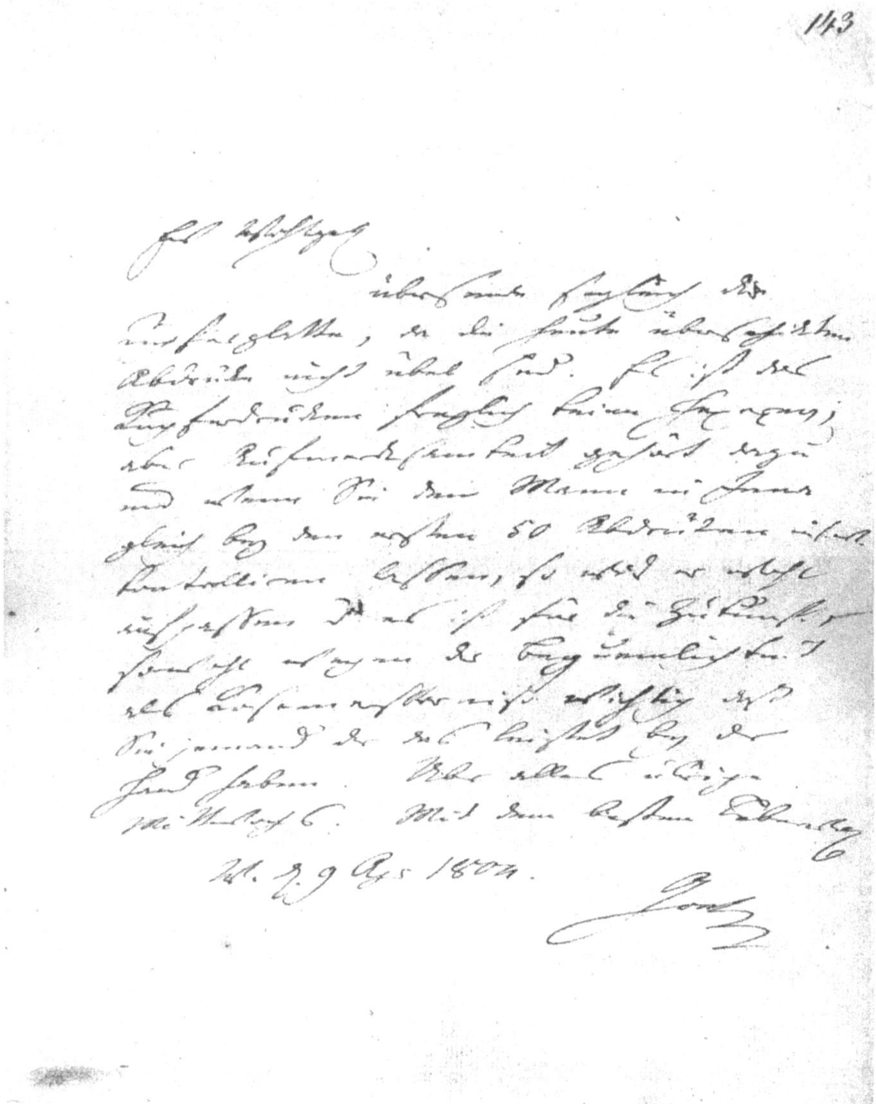

Eigenhändiger Brief Goethes an H.K.A. Eichstädt, 9. April 1804

1810	*Zur Farbenlehre.* Untersuchung zur Wirkung der Farben auf den Menschen
1811	*Dichtung und Wahrheit*
1814/15	Marianne von Willemer inspiriert Goethe zur Liebeslyrik des *West-östlichen Divan* (erscheint 1819).
1816	Herausgeber der Zeitschrift *Über Kunst und Altertum*
1817-24	6 Hefte: *Zur Naturwissenschaft überhaupt, besonders zur Morphologie*
1821	*Wilhelm Meisters Wanderjahre*
1822	Bericht über den Frankreichfeldzug *Campagne in Frankreich* und Schilderung der *Belagerung von Mainz*
1823	Johann Peter Eckermann wird Mitarbeiter Goethes. In Karlsbad Begegnung mit der 19-jährigen Ulrike von Levetzow, die seinen Heiratsantrag abweist. Als Reaktion entsteht die *Marienbader Elegie.*
1831	Abschluß von *Faust. Der Tragödie zweiter Teil*
1832	Goethe stirbt am 22. März; er wird in der Fürstengruft in Weimar beigesetzt.

Heinrich Heine
Büste von Adolf Schmieding, 1906

Zeittafel zu Heinrich Heines
Leben und Werk

1797	Am 13. Dezember wird Harry Heine als Sohn jüdischer Eltern in Düsseldorf geboren. Heinrich nennt er sich erst nach der Taufe 1825.
1815-16	Kaufmännische Lehrzeit in Frankfurt/M. und Hamburg
1816	Die unerwiderte Liebe zu seiner Cousine Amalie in Hamburg prägt Heines frühe Lyrik.
1819-25	Jurastudium in Bonn, Berlin und Göttingen. Protestantische Taufe. Promotion zum Dr. jur.
1821	Während der Studienzeit in Berlin Kontakt zu Karl August und Rahel Varnhagen, deren literarischer Salon ganz auf einen Goethe-Kult ausgerichtet ist.
	Mit dem Erscheinungsjahr 1822 kommen im Dezember 1821 bei der Maurerschen Buchhandlung in Berlin Heines erste *Gedichte* heraus. Heine sendet ein Exemplar mit einem ehrerbietig formulierten Begleitbrief an Goethe.
1823	Heine sendet Goethe ein Exemplar seiner *Tragödien, nebst einem lyrischen Intermezzo* mit einer Widmung.
1824	Heine bittet mit seinem Brief vom 1. Oktober 1824 Goethe um eine Audienz. Am 2. Oktober wird Heine von Goethe in Weimar empfangen. In Goethes Tagebuch findet sich dazu der Eintrag: "Heine von Göttingen".
1826	Beginn der Verlagsbeziehung zu Julius Campe in Hamburg *Reisebilder I* u.a. mit der *Harzreise* Heine sendet Goethe den Band *Reisebilder I*.
1827	*Reisebilder II,* u.a. mit *Ideen. Das Buch Le Grand* Im Oktober erscheint Heines populärste Gedichtsammlung *Buch der Lieder* (darin die Gedichtzyklen *Junge Leiden, Lyrisches Intermezzo, Die Heimkehr)*. Zu Heines Lebzeiten erscheint dieser Gedichtband in 13 Auflagen.

Mathilde Heine

1828 Heine als Redakteur der *Neuen allgemeinen politischen Annalen* im Cotta-Verlag, München
Reise durch Norditalien

1829 *Reisebilder III* u.a. mit den *Bädern von Lucca*

1830 Reise nach Helgoland; dort Nachricht von der französischen Julirevolution, auf die Heine große politische Hoffnungen setzt.

1831 *Reisebilder IV* (Nachträge), u.a. mit den *Englischen Fragmenten*
Mai: Übersiedlung nach Paris

1833 *Französische Zustände*
Der Salon I, u.a. mit den *Fanzösischen Malern* und *Aus den Memoiren des Herren von Schnabelewopski*
Enge Freundschaft mit der ebenfalls in Paris im Exil lebenden italienischen Fürstin Cristina di Belgiojoso, Bekanntschaft mit George Sand

1834 *Der Salon II: Zur Geschichte der Religion und Philosophie in Deutschland*
Lebensgemeinschaft mit Crescentia Eugenie Mirat (1815-1883). Heirat 1841 nach katholischem Ritus. Heine nennt seine Frau "Mathilde".

1835 Verbot der Schriften Heines in Deutschland aufgrund eines Bundestagsbeschlusses. Heine lebt in Paris im Exil.

1836 *Die Romantische Schule*

1837 *Der Salon III* mit den *Florentinischen Nächten* und den *Elementargeistern*

1840 *Ludwig Börne* und *Der Salon IV*, u.a. mit dem *Rabbi von Bacherach* und *Über die Französische Bühne*

1843 Erste Reise nach Hamburg; Ende des Jahres in Paris Bekanntschaft mit Karl Marx, Mitarbeit am *Vorwärts*

1844 Zweite Reise nach Hamburg. Als literarisches Ergebnis der Deutschlandreise von 1843 entsteht *Deutschland. Ein Wintermärchen*, das wichtigste Dokument von Heines Deutschlandkritik und seiner Gesellschaftsutopie.
Neue Gedichte (Heines zweiter Gedichtband mit politisch radikalen *Zeitgedichten* und mit sinnlich-erotischen Liebesgedichten)

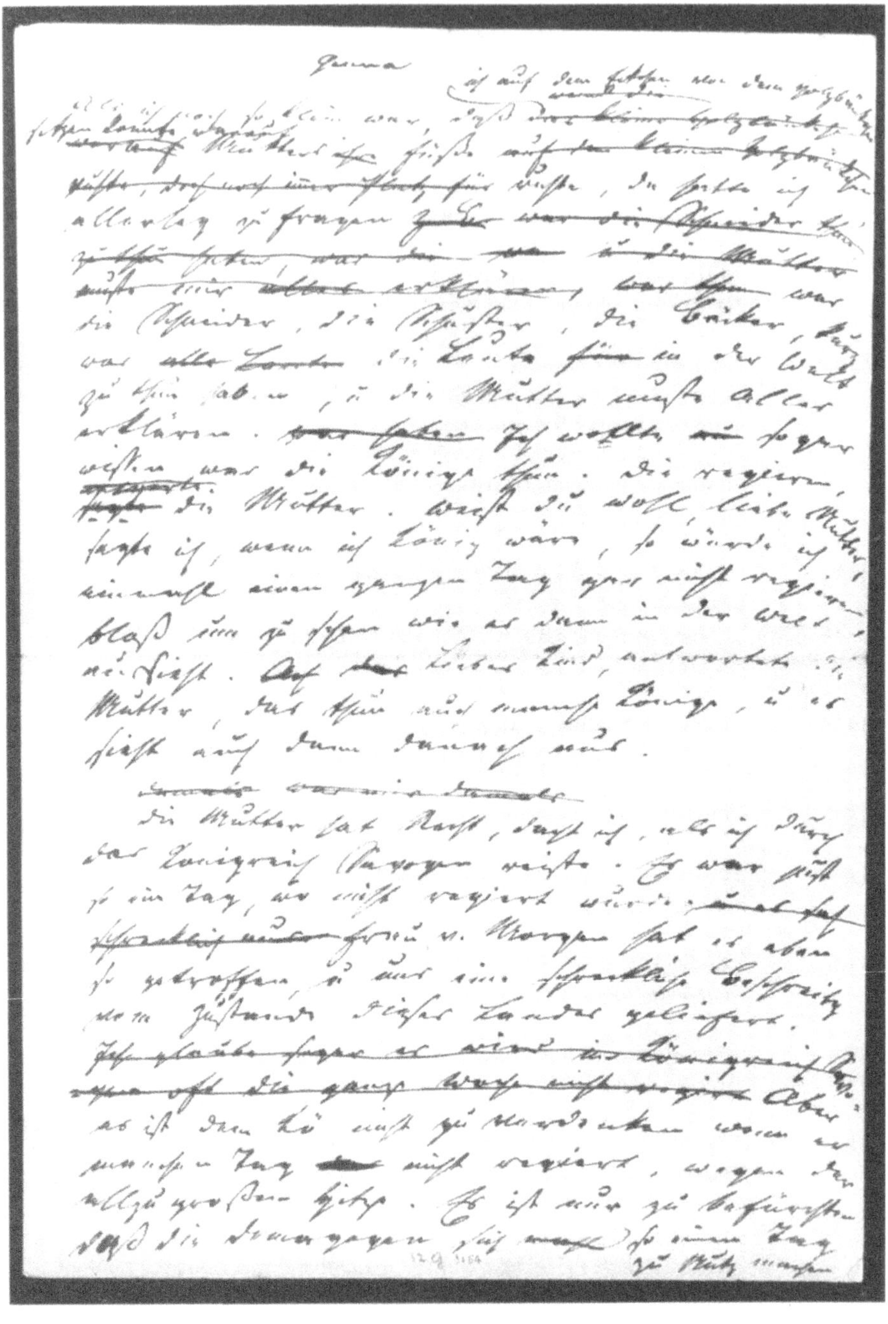

Genua

Als ich noch so klein war, daß ich auf dem Schemel vor dem Tische saß, wenn die Mutter aß, da hatte ich allerley zu fragen, was die Schneider, die Schuster, die Bäcker, was alle die Leute in der Welt zu thun haben, und die Mutter mußte Alles erklären. Ich wollte sogar wissen was die Könige thun. Die regieren, sagte die Mutter. Weißt du wohl, liebe Mutter, sagte ich, wenn ich König wäre, so würde ich einmal einen ganzen Tag gar nicht regieren, bloß um zu sehen wie es dann in der Welt aussieht. Lieber Kind, antwortete die Mutter, das thun auch manche Könige, und es sieht auch darnach aus.

Die Mutter hat Recht, dachte ich, als ich durch das Königreich Sardinien reiste. Es war nicht so ein Tag, wo nicht regiert würde, früh u. Morgen hat es aber so getroffen, und eine schreckliche Beschreibung vom Zustande dieses Landes geliefert. Aber es ist dem König nicht zu verdenken wenn er manchen Tag nicht regiert, wegen der allzugroßen Hitze. Es ist nur zu befürchten, daß die Demagogen sich so einen Tag zu Nutz machen.

Heines eigenhändiges Manuskript zur *Reise von München nach Genua,* 1828

1847 *Atta Troll. Ein Sommernachtstraum*
Ballettszenario *Der Doktor Faust* und die dazugehörigen *Erläuterungen* als Auftragsarbeit für den Londoner Operndirektor Lumley

1848 Seit Mai durch schwere Krankheit (vermutlich: myatrophische Lateralsklerose) ans Bett gefesselt (Matratzengruft)

1851 *Romanzero* (Heines dritte Lyriksammlung, u.a. mit den Gedichtzyklen *Historien* und den *Lazarus*-Gedichten)
Doktor Faust erscheint bei Hoffmann und Campe in Hamburg.

1854 *Vermischte Schriften I-III,* u.a. mit den *Geständnissen* und der *Lutezia*

1855 Heine verliebt sich in die damals 27-jährige Schriftstellerin Elise Krinitz (Heine nennt sie "Mouche"), die ihn zu letzten großen Liebesgedichten inspiriert (z.B. *Lotosblume*).

1856 Am 17. Februar stirbt Heine in Paris. Er wird auf dem Friedhof Montmartre begraben.

Schnittstellen
Persönlichkeiten in Doppelbeziehung zu Goethe und Heine

Im Geburtsjahr Heines 1797 lernt Goethe Alexander von Humboldt, Friedrich Schlegel und Johann Friedrich Cotta kennen. Zum letzten Mal trifft er Hölderlin und beginnt eine umfangreiche Korrespondenz mit August Wilhelm Schlegel. Im Wettstreit mit Schiller entstehen Balladen, Goethe schließt das Versepos *Herrmann und Dorothea* ab und nimmt die Arbeit am *Faust* wieder auf. Zur Lektüre dieses Jahres zählen u.a. das Alte Testament und die *Ilias*. Gleichzeitig widmet er sich optischen und chemischen Versuchen, Studien im Bereich der Anatomie und der Farbenlehre. 1797 ist auch das Jahr der *Dritten Schweizer Reise*.

Dieses gewaltige Spektrum an Aktivitäten, Kontakten, literarischer und naturwissenschaftlicher Arbeit, amtlichen Tätigkeiten in der obersten Finanzbehörde und als Theaterleiter verschaffen Goethe eine so glänzende Reputation in ganz Europa, daß man zunächst eine Verbindung zwischen diesem Lebenskreis und demjenigen Heines völlig ausschließen möchte. Zu weit entfernt scheint die Welt des aristokratischen Dichterfürsten von der des Düsseldorfer Kaufmannssohnes.

Neben dem sozialen Gefälle besteht ein Altersunterschied von fast fünfzig Jahren. Schaut man jedoch auf Heines erstes Studienjahr in Berlin, ergibt sich ein überraschendes Beziehungsgeflecht von gemeinsamen Bekannten, literarischer Beschäftigung und Teilnahme an kulturellen Ereignissen.

Heine gelingt 1821 der Zugang zum Salon der Rahel Varnhagen, die Goethe 1795 in Karlsbad getroffen hat. Die Varnhagens werden für Heine zu literarischen Mentoren und Vermittlern der Werke Goethes. Die Universitätslehrer Wolf, von Raumer, von Savigny und Hegel, die Heine während seiner Berliner Semester hört, gehören zum Bekanntenkreis Goethes. Parallel verläuft in diesem Jahr auch die intensive Beschäftigung mit den Werken Byrons, die sowohl Goethe als auch Heine Bewunderung abverlangen.

Im Bereich der Musik ergeben sich Schnittstellen durch die Begegnung Goethes mit Felix Mendelssohn Bartholdy. Am 18. Juni 1821 besucht Heine die Uraufführung von Webers "Freischütz" im Berliner Schauspielhaus. Wenige Monate später erfolgt die Aufführung in Weimar, die 1824 aus Anlaß des 75. Geburtstags von Goethe wiederholt wird. Im gleichen Jahr äußert Heine sich im Gespräch gegenüber seinem Studienfreund Wedekind über den Plan, einen "Faust" zu schreiben, der das Gegenteil von Goethes *Faust* werden soll.

Betrachtet man die literarischen Vorbilder von Goethe und Heine, ergeben sich weitere Übereinstimmungen. Für beide gelten die Namen Homer, Shakespeare, Cervantes und Byron. Die Reihe der Schriftsteller, die beide persönlich kannten, reicht von Hans Christian Andersen, Börne, E.T.A. Hoffmann, Dingelstedt über Motte-Fouqué, Wilhelm Müller, Jean Paul bis Pückler-Muskau.

Königliche Schauspiele.

Montag, den 18. Juny 1821.

Im Schauspielhause.

Zum Erstenmale:

Der Freischütz.

Oper in 3 Abtheilungen (zum Theil nach dem Volksmährchen: Der Freischütz), von F. Kind. Musik von Carl Maria v. Weber.

Personen:

Ottokar, regierender Graf		Hr. Rebenstein.
Cuno, gräflicher Erbförster		Hr. Wauer.
Agathe, seine Tochter		Mad. Seidler.
Aunchen, eine junge Verwandte		Mlle. Joh. Eunike.
Caspar, erster } Jägerbursch		Hr. Blume.
Mar, zweiter } Jägerbursch		Hr. Stümer.
Samiel, der schwarze Jäger		Hr. Hillebrand.
Ein Eremit		Hr. Gern.
Kilian, ein reicher Bauer		Hr. Wiedemann.
Brautjungfern		Mlle. Henr. Reinwald rc.
Jäger und Gefolge des Grafen	Hr. Michaelis. Hr. Tilschow.	Hr. Buggenhagen rc.
Landleute und Musikanten.		
Erscheinungen.		

Scene: In Böhmen. Zeit: kurz nach Beendigung des dreißigjährigen Krieges.

Die sämmtlich neuen Decorationen sind von dem Königl. Decorations-Maler Herrn Gropius gezeichnet und gemalt.

Arienbücher sind das Stück für 4 Groschen an der Kasse zu haben.

Zu dieser Vorstellung sind nur noch Parterre-Billets à 12 Gr. und Amphitheater-Billets à 6 Gr. zu haben.

Anzeige.

Im Opernhause: Der Jude, Schauspiel in 5 Abtheilungen, nach dem Englischen des Cumberland. Hierauf: Der Nachtwächter, Posse in 1 Aufzug, von Th. Körner.

Dienstag den 19. Juny. Im Opernhause: Die Jungfrau von Orleans, romantische Tragödie in 5 Abtheilungen, von Schiller.

Bekanntmachung.

In der Buchhandlung von Duncker und Humblot, französische Straße Nr. 20 a. wird verkauft:

E. v. Houwald das Bild, Trauerspiel in 5 Akten, 1 Rthlr. 12 Gr.
Dessen der Leuchtthurm; die Heimkehr; zwei Trauerspiele, 1 Rthlr.
Bäuerle komisches Theater, 3ter Band, (enthält: die Gespensterfamilie; der Fiacker als Marquis; der verwünschte Prinz), 1 Rthlr. 8 Gr.
Kullners Spiele für die Bühne, Band 1 und 2, (enthalten: der neun und zwanzigste Februar; die Vertrauten; der angolische Kater; die Zurückkunft aus Surinam; die Zweiflerin; die großen Kinder; der Wahn; der Blitz; die Onkelei). 3 Rthlr. 8 Gr.

Anfang 6 Uhr; Ende 9 Uhr.

Die Kasse wird um 5 Uhr geöffnet.

Theaterzettel der Uraufführung von C.M. von Webers Oper *Der Freischütz*, 1821, in Berlin. Heine besuchte diese Uraufführung.

Bei den Malern sind es David d'Angers, Peter Cornelius, Wilhelm Hensel, Kugler und Oppenheim, die Goethe und Heine getroffen haben, von denen sie z.T. auch porträtiert worden sind. Den Arbeiten von Delacroix und Ary Scheffer gilt Goethes Interesse in Bezug auf das Faust-Thema, für Heine werden sie in Paris Anlaß zu seinen kunstkritischen Berichten.

Gegensätzliche Positionen entwickeln beide in der Beurteilung politischer und sozialer Phänomene, Ausnahme bleibt die uneingeschränkte Bewunderung für Napoleon von Seiten Goethes und Heines und ihr grundsätzlich kosmopolitischer Lebensentwurf.

Hat man in der Goethe-Rezeption den Namen Heine bisher ausgespart, beweisen die zahlreichen Beiträge der Heine-Forschung die elementare Bedeutung, die Heines Auseinandersetzung mit Person und Werk Goethes hat.

"Im Grunde aber sind Ich und Göthe zwey Naturen die sich in ihrer Heterogenität abstoßen müssen", schreibt Heine am 1. Juli 1825 an Moses Moser. Der da Distanz sucht, fürchtet sich vor der Nähe.

Lord Byron

Lord George Gordon Noel Byron (1788-1824)
Dichter

Die Anfang des 19. Jahrhunderts in Europa vorherrschende Strömung des "Byronismus" mag Goethe wie eine Fortsetzung des "Werther-Fiebers" erschienen sein. Byron wiederum bewundert Goethe als Verfasser des *Faust*. 1810 hatte er in französischer Übersetzung *Die Wahlverwandtschaften* gelesen und 1813 durch die Lektüre vom Mme. de Staëls *De l'Allemagne* Goethes Werke kennengelernt. Im Schweizer Exil übersetzt ihm 1817 der Schriftsteller Matthew Gregory Lewis die Hauptszenen aus *Faust* I. Byrons *Manfred* enthält deutliche Spuren der Beschäftigung mit dem Stoff. Goethe reagiert mit einer positiven Besprechung und Teilübersetzung des Dramas.

1821 verfaßt Byron eine handschriftliche Widmung des *Sardanapalus* "to the illustrious Goethe", die dieser lithographieren läßt und an Freunde verschenkt. Eine persönliche Kontaktaufnahme gelingt jedoch erst 1823. Goethe erhält zwei Briefe Byrons, ein Besuch in Weimar zeichnet sich ab, als im Mai 1824 die Nachricht von Byrons Tod die Öffentlichkeit schockiert.

Die wenigen Dokumente seiner persönlichen Beziehung zu Byron bewahrt Goethe wie Reliquien in einer roten Mappe auf. Die Eingangshalle seines Wohnhauses läßt er mit einer Büste des englischen Dichters ausstatten.

Statt gegenseitiger Identifikation wie zwischen Goethe und Byron entwickelt Heine eine eigene Spielart, um sich dem Idol zu nähern. Er verinnerlicht die durch Byron verbreitete Haltung des "Weltschmerzes" und der "Zerrissenheit". Das Schlagwort der "byronischen Zerrissenheit" beschreibt die kritische Situation der Intellektuellen auf der Suche nach einer sozialen Identität. Aufgrund dieser Befindlichkeit definiert Heine sein dichterisches Selbstverständnis. Das Vorbild Byrons, neben August Wilhelm Schlegel, bestärkt ihn in seiner Rolle als Dichter.

Bereits 1822 wird Heine in Berlin als "deutscher Byron" tituliert, im Salon der Elise von Hohenhausen trägt er seine Übersetzungen von Byrons *Child Harold* und *Manfred* vor.

Über den Tod Byrons äußert er sich deprimiert. An Friederike Robert schreibt er am 27. Mai 1824: "[...] der Todesfall meines Vetters zu Missolunghi hat mich tief betrübt." Der Nachsatz des gleichen Briefs für Ludwig Robert lautet: " – ich wollte ich könnte mich todt lachen."

Ich habe Kenntnis genommen von dem englischen Dichter Lord Byron, der uns zu interessieren verdient. Sein seltsames Wesen leuchtet aus seinen Gedichten hervor die gerade wegen seines wilden und doch geregelten Talentes große Gunst haben. Könnten Sie mir nachweisen wo ich von der Lebensgeschichte, dem Charakter u.s.w. dieses wundersamen Mannes nähere Nachricht finden könnte, so geschähe mir ein besonderer Gefalle.

Goethe an Heinrich Karl Abraham Eichstädt
4. Juni 1816

Begegnet Dir The Last Days of Lord Byron, By William Parry, in Übersetzung, so greife hastig darnach, man wird nicht leicht auf einen so hohen und klaren Standort gehoben; alles bisher über ihn Gesagte sinkt und verschwindet wie Talnebel.

Goethe an Carl Friedrich Zelter
6. Juni 1825

Während ich dieses schreibe erfahre ich daß mein Vetter, Lord Byron, zu Missolungi gestorben ist. So hat auch dieses große Herz aufgehört zu schlagen! Es war groß und ein Herz, kein kleines Eyerstöckchen von Gefühlen. Ja dieser Mann war groß, er hat im Schmerze neue Welten entdeckt, er hat den miserablen Menschen und ihren noch miserableren Göttern prometheisch getrotzt, der Ruhm seines Namens drang bis zu den Eisbergen Thules und bis in die brennenden Sandwüsten des Morgenlandes. take him al in al, he was a man. Wir werden sobald nicht mehr seines Gleichen sehen.

Ich habe überall Trauer ansagen lassen. Die englische Literatur steht jetzt nur noch auf zwey Augen - Scott und Moore. Unsere Literatur ist ganz und gar blind.

Heine an Rudolf Christiani
24. Mai 1824

Byron ist jetzt todt und ein Wort über ihn ist jetzt passend. Vergiß es nicht; Du thust mir einen sehr großen Gefallen; es ist auch das einzige belletristische Blatt das hier gelesen wird. - Der Todesfall Byrons hat mich übrigens sehr bewegt. Es war der einzige Mensch mit dem ich mich verwandt fühlte, und wir mögen uns wohl in manchen Dingen geglichen haben; scherze nur darüber soviel Du willst. Ich las ihn selten seit einigen Jahren; man geht lieber um mit Menschen deren Charakter von dem unsrigen verschieden ist. Ich bin aber mit Byron immer behaglich umgegangen wie mit einem völlig gleichen Spießkameraden. Mit Shakespear kann ich gar nicht behaglich umgehen, ich fühle nur zu sehr daß ich nicht seines Gleichen bin, er ist der allgewaltige Minister und ich bin ein bloßer Hofrath, und es ist mir als ob er mich jeden Augenblick absetzen könnte.

Heine an Moses Moser
25. Juni 1824

Ich glaube, wir sprachen auch von Angorakatzen, etruskischen Vasen, türkischen Shawls, Makkaroni und Lord Byron, aus dessen Gedichten die ältere Dame einige Sonnenuntergangsstellen, recht hübsch lispelnd und seufzend, rezitierte. Der jüngern Dame, die kein Englisch verstand, und jene Gedichte kennen lernen wollte, empfahl ich die Übersetzung meiner schönen, geistreichen Landsmännin, die Baronin Elise von Hohenhausen; bei welcher Gelegenheit ich nicht ermangelte, wie ich gegen junge Damen zu tun pflege, über Byrons Gottlosigkeit, Lieblosigkeit, Trostlosigkeit, und der Himmel weiß was noch mehr, zu eifern.

Heinrich Heine
Die Harzreise, 1826

Karl August Varnhagen von Ense (1785-1858)
Diplomat und Publizist
Rahel Varnhagen von Ense (1771-1833)
Literatin

Ihr Berliner Salon ist Treffpunkt berühmter Persönlichkeiten. Heine begegnet hier Anfang der 20-er Jahre z.B. Hegel und Alexander von Humboldt. Dieser Salon versteht sich vor allem als Mittelpunkt einer intensiven Goethe-Verehrung.

Die persönliche Beziehung zwischen den Varnhagens und Goethe beginnt 1811, als Varnhagen um Goethes Erlaubnis bittet zum Abdruck eines Auszuges von Briefen zwischen ihm und Rahel, die Goethe und seine Werke betreffen. Mit diesem von Goethe äußerst wohlwollend unterstützten Projekt setzt eine engagierte jahrzehntelange Tätigkeit Varnhagens ein als Interpret und Verteidiger der Werke Goethes.

Wenn Heine in einem Brief vom 31. März 1831 Varnhagen den "Statthalter Goethes auf Erden" nennt, dann spielt er mit dieser spaßhaft überzogenen Formulierung an auf die bedeutende Rolle, die Varnhagen als Goethe-Kenner und Vermittler in der literarischen Öffentlichkeit spielt. Nach dem frühen persönlichen Kontakt in Berlin bleibt Karl August Varnhagen für Heine in späteren Jahren von Paris aus eine wichtige Bezugsperson im Briefkontakt mit Deutschland.

Rahel Varnhagen von Ense

Karl August Varnhagen von Ense

Ach Gott! nun könnt ich so leicht über Carlsruhe reisen, und jetzt sind Roberts in Berlin. - Man will dort wissen Wolfgang Goethe spräche mißfällig von mir; das würde Frau v. Varnhagen leid thun. - Ich werde es mit den Aristokraten noch mehr verderben.
- Wolfgang Göthe mag immerhin das Völkerrecht der Geister verletzen; er kann doch nicht verhindern daß sein großer Name einst gar oft zusammen genannt wird mit dem Namen

H. Heine.

Heine an Karl August Varnhagen von Ense
30. Oktober 1827

Kondolenzbrief von Varnhagen
nach dem Tod von Goethes Sohn

Ich sah meine Frau bei der Ankündigung dieses Unglücks starr verstummen; in ihr lebt jeder Schmerz erhöht. Ich war bei Hegel; erschüttert vernahm er die Botschaft, sprach lieb- und achtungsvoll von dem Dahingeschiedenen, schön und geistig über dessen kindliches Verhältnis, ernst und würdig über den hohen Vater; in diesem die Erhabenheit dem Schmerze gleichwägend sagte er mit schwerem Ernste: "Er ist zu allem entschlossen (anstatt des gewöhnlichen auf alles gefaßt) er wird mit allem fertig, ist er es doch mit s i c h geworden, das war wohl die größte Aufgabe, da die stärksten Gewalten!"

Das hört sich für uns herrlich an, doch was ist dies jetzt für ihn selbst! Wir empfinden die Armut jedes Gedankens, wir wissen keinen Trost auszusprechen. Aber wollen mit da sein in solchem Augenblicke, wir wollen mit unsrer Teilnahme, unsrer Belästigung wenn es nicht anders ist, uns herzudrängen, daß das Auge auf Befreundete treffe, auf Mittrauernde; in solchem Antriebe sind diese Zeilen Ihnen gewidmet. Können wir in irgend einer Richtung den Wünschen Ew. Exzellenz entsprechen, irgend Aufträge erfüllen, Tätigkeiten ausüben, so befehlen Sie! Ohne in dieser Art etwas Näheres im voraus zu meinen, möchten wir überhaupt unsre willige Beeiferung nur andeuten!

Gott stärke Ew. Exzellenz mit Kraft und Wohlsein, und lasse Sie auf neuer Stufe des Lebens und der Erfahrung auch neue Lebenstiefen und Geisteshöhen finden, wie immer!

Karl August Varnhagen von Ense an Goethe
16. November 1830

Der bedeutendste Kämpe für Goethe war zu jeder Zeit Varnhagen von Ense, ein Mann, der Gedanken im Herzen trägt, die so groß sind wie die Welt, und sie in Worten ausspricht, die so kostbar und zierlich sind wie geschnittene Gemmen. Es ist jener vornehme Geist auf dessen Urteil Goethe immer das meiste Gewicht gelegt hat.

Heinrich Heine
Die Romantische Schule, 1836

August Wilhelm Schlegel (1767-1845)
Literaturtheoretiker und -kritiker

Goethe wird auf August Wilhelm Schlegel Mitte der 90-er Jahre aufmerksam, als dieser in Jena an Zeitschriften wie *Horen* und *Musenalmanach* mitarbeitet. Schlegel veröffentlicht hierin Aufsätze, die seine frühromantische Sprach- und Dichtungstheorie begründen. 1796 erhält er durch die Vermittlung Goethes an der Jenaer Universität eine außerordentliche Professur für Philologie. Goethe sieht sich zu der Zeit mit ihm völlig "einig" in "ästhetischen Haupt- und Grundideen" (Brief Goethes an J.H. Meyer, 20. Mai 1796). In den folgenden Jahren verfaßt Schlegel zahlreiche Rezensionen, vor allem auch zu Werken Goethes, den er in metrischen Fragen zudem berät. Die Beziehung wird dann spürbar belastet durch den Bruch der Romantiker mit Schiller. Dabei versucht Goethe trotz Meinungsunterschieden zwischen den Parteien zu vermitteln. In den anschließenden Jahren in Berlin (1801-1804) stellt Schlegel bei seinen Vorlesungen "Über schöne Literatur und Kunst" eindeutig Goethes Werk in den Mittelpunkt seiner Ausführungen. Als Madame de Staël 1804 nach Berlin kommt, hat sie einen Empfehlungsbrief Goethes an Schlegel im Gepäck. Später distanziert Schlegel sich zunehmend von den Kunstideen der Weimarer Klassik. Während seiner Lehrtätigkeit an der 1819 neu gegründeten Bonner Universität bleibt die Beziehung zu Goethe distanziert.

Heine ist seit dem Wintersemester 1819 Student in Bonn, wo er Vorlesungen von Schlegel zur "Geschichte der deutschen Sprache und Poesie" hört. In dieser Zeit übt Schlegel als akademischer Lehrer auf Heine großen Einfluß aus. Er vermittelt ihm erste grundlegende Kenntnisse in der Sprach- und Literaturwissenschaft sowie im Umgang mit Quellenmaterial, und wird sein Lehrmeister vor allem auch in der dichterischen Praxis. Die politische Entwicklung der Juli-Revolution wie auch die Auseinandersetzung mit der Geschichtsphilosophie Hegels bringen Heine später dazu, mit spöttischer Kritik zu polemisieren gegen die rückwärtsgewandten, konservativen ideologischen Tendenzen der Romantik wie er sie vor allem in Schlegel verkörpert sieht.

August Wilhelm Schlegel

Frau von Staël wünscht Sie näher zu kennen, sie glaubt, daß einige Zeilen von mir die erste Einleitung erleichtern. Ich schreibe sie gern, weil ich nun Dank von beiden Teilen verdiene, wo sich alles von selbst gegeben hätte. Erhalten Sie mir ein freundliches Andenken.

Goethe an August Wilhelm Schlegel
1. März 1804

Die Gebrüder Schlegel waren und sind bei so viel schönen Gaben unglückliche Menschen ihr Leben lang; sie wollten mehr vorstellen als ihnen von Natur gegönnt war und mehr wirken als sie vermochten; daher haben sie in Kunst und Literatur viel Unheil angerichtet. Von ihren falschen Lehren in der bildenden Kunst, welche den Egoismus, mit Schwäche verbunden, präkonisierten, lehrten und ausbreiteten, haben sich die deutschen Künstler und Liebhaber noch nicht erholt; sogar muß man diesen den Irrtum auf eine Weile gönnen, sie würden verzweifeln, wenn ihnen die Augen aufgingen. Indessen haben wir andern die Not, die wir Künstlern forthelfen sollen, deren Werke doch am Ende niemand will, weil sie niemanden zusagen; deswegen haben die lobenswürdigen Vereine das Publikum redlich zum besten, indem sie verlosen was niemand kaufen würde, und woran derjenige der's gewinnt sich kaum erfreuen kann.

Goethe an Carl Friedrich Zelter
20.Oktober 1831

Aber Herr Schlegel, wie ich schon oben gesagt, vermochte immer nur die Poesie der Vergangenheit und nicht der Gegenwart zu begreifen. Alles was modernes Leben ist, mußte ihm prosaisch erscheinen, und unzugänglich blieb ihm die Poesie Frankreichs, des Mutterbodens der modernen Gesellschaft.
[...]
Er war in seiner Jugend ein Hellenist und wurde erst später ein Romantiker. Er wurde Chorführer der neuen Schule, diese wurde nach ihm und seinem Bruder benamset, und er selber war vielleicht derjenige, dem es mit der Schlegelschen Schule am wenigsten Ernst war. Er unterstützte sie mit seinen Talenten, er studierte sich in sie hinein, er freute sich damit so lang es gut ging, und als es mit der Schule ein schlechtes Ende nahm, hat er sich wieder in eine neues Fach hineinstudiert.

Obgleich nun die Schule zu Grunde ging, so haben doch die Anstrengungen des Herren Schlegel gute Früchte getragen für unsere Literatur. Namentlich hatte er gezeigt, wie man wissenschaftliche Gegenstände in eleganter Sprache behandeln kann. Früherhin wagten wenige deutsche Gelehrte ein wissenschaftliches Buch in einem klaren und anziehenden Stile zu schreiben. Man schrieb ein verworrenes, trockenes Deutsch, welches nach Talglichtern und Tabak roch. Herr Schlegel gehörte zu den wenigen Deutschen die keinen Tabak rauchen, eine Tugend, welche er der Gesellschaft der Frau v. Staël verdankte.

Heinrich Heine
Die Romantische Schule, 1836

Anne Louise Germaine de Staël-Holstein (1766-1817) Schriftstellerin

Die Tochter des französischen Finanzministers Jaques Necker (bis 1790) flieht trotz anfänglicher Begeisterung für die Französische Revolution 1792 in die Schweiz und lebt dort im elterlichen Schloß Coppet am Genfer See. 1795 veröffentlicht sie den *Essai sur les fictions*, den Goethe für die *Horen* übersetzte und seitdem mit ihr in Briefkontakt stand. Im gleichen Jahr kehrt Mme. de Staël nach Paris zurück und wird zur erbitterten Feindin Napoleons I. Als sie 1802 die politischen Aufzeichnungen ihres Vaters und ihren Roman *Delphine* veröffentlicht, läßt Bonaparte sie aus Paris verbannen. Als Exilort wählt sie Weimar, um eine Arbeit über deutsche Literatur vorzubereiten. Zusammen mit dem befreundeten Diplomaten und Schriftsteller Benjamin Constant mietet sie Ende 1803 ein Haus in Weimar. In Begleitung Constants stattet sie Goethe am 24.Dezember einen Besuch ab und trifft ihn bis zu ihrer Abreise am 1. März 1804 regelmäßig.

Sie lernt Wieland, Schiller und die Brüder Schlegel kennen. Im April 1804 erreicht sie die Nachricht von der lebensgefährlichen Erkrankung ihres Vaters. Sie reist sofort in die Schweiz zurück, begleitet von August Wilhelm Schlegel, der bis zu ihrem Tod 1817 ihr literarischer Berater und Erzieher ihrer Kinder bleibt.

1810 verfaßt sie ihr Hauptwerk *De l'Allemagne*, dessen erste Auflage Napoleon vernichten läßt. 1813 erscheint das Buch in London, 1814 in deutscher Übersetzung und nach Napoleons Sturz auch in Frankreich. Es zeigt den Franzosen die Denk- und Empfindungswelt der Deutschen und bereitet damit die Aufnahme der Romantik in Frankreich vor. Für lange Zeit bestimmt ihre idealisierende Schilderung das Deutschlandbild der Franzosen. Deutschland ist das Land der Denker und Träumer, ganz im Gegensatz zu Frankreich, dem Land der Genießer und Spötter. Als Vorzug deutscher Kultur erscheint ihr eine von der Zivilisation weniger verdorbene, gedankentiefe und gemütvolle Mentalität. Vollkommene Ausprägung findet das "Romantische" in Goethe. Er verkörpert nach ihrer Darstellung den ursprünglichen Dichter und vereint die Besonderheiten deutscher Literatur: Tiefe der Ideen, poetische Anmut und Einbildungskraft. Dem sensationellen Erfolg von *De l'Allemagne* verdankt Goethe nicht zuletzt seine literarische Karriere im Ausland. Bei allen Fehlurteilen gelang es dem Deutschlandbuch Mme. de Staëls, Vorurteile zwischen den Nationalliteraturen abzubauen - aber ebenso neue Stereotypen aufzustellen. Auch Heines Versuch einer Korrektur in der *Romantischen Schule* konnte gegen das von de Staël geprägte Deutschlandbild keine differenziertere Sicht von Weimarer Klassik und deutscher Romantik durchsetzen. Daß Heine bis zu seinem Tod von dem Gedanken einer Kursänderung bestimmt ist, vermittelt die Druckgeschichte der *Romantischen Schule*. Unter dem Titel *Etat actuel de la littérature en Allemagne. De l'Allemagne dequis Mme. de Staël* druckt der *L'Europe littéraire* von März bis Mai 1833 acht Artikel Heines. Eine erste deutsche Buchausgabe mit dem Titel *Zur Geschichte der neueren schönen Literatur in Deutschland von H. Heine* erfolgt 1833, der endgültige Text mit dem Titel *Die romantische Schule von H. Heine* erscheint 1836 bei Hoffmann und Campe. Eine veränderte erste französische Buchausgabe wird 1835 als *De l' Allemagne* bei Eugène Renduel veröffentlicht.

Madame de Staël

Ich erteilte meinem Buche denselben Titel [*De l'Allemagne*], unter welchem Frau von Staël ihr berühmtes Werk, das denselben Gegenstand behandelt, herausgegeben hat, und zwar tat ich es aus polemischer Absicht.
[...]
Da Frau von Staël ein Autor von Genie ist und einst die Meinung aussprach, daß das Genie kein Geschlecht habe, so kann ich mich bei dieser Schriftstellerin auch jener galanten Schonung überheben, die wir gewöhnlich den Damen angedeihen lassen.

Heinrich Heine
Geständnisse, 1854

Johann Friedrich von Cotta (1764-1832)
Verleger

Mit der Übernahme der Cotta'schen Verlagsbuchhandlung in Tübingen 1787 versucht der umfassend gebildete und politisch interessierte Johann Friedrich Cotta, das Unternehmen aus seinem provinziellen Zuschnitt herauszuführen. Die Bekanntschaft mit Schiller und die Herausgabe der *Horen* erschließt ihm die Zusammenarbeit mit bedeutenden Autoren wie Goethe, Herder, Fichte, Hegel, Hölderlin, Jean Paul, die Brüder Schlegel und von Humboldt. 1797 besucht Goethe die Familie Cotta in Tübingen, kommt zu einem überaus positiven Urteil und trennt sich von seinem bisherigen Verleger Georg Joachim Göschen. Im Tübinger Verlagshaus –ab 1810 in Stuttgart – erscheint ab 1806 eine Werkausgabe in zwölf Bänden, die den Erstdruck von *Faust* I enthält, auf dessen Verkaufserfolg Cotta setzt.
Neben den geschäftlichen Beziehungen entwickeln sich die persönlichen Kontakte durch regelmäßige Besuche Cottas in Weimar anläßlich der Leipziger Buchmesse.

Bei aller Übereinstimmung wirken Goethes Honorarforderungen und sein Anspruch auf eine damals nicht übliche Beteiligung am Gewinn des Verlegers als Auslöser für Streitigkeiten. Goethe kann seine Bedingungen nicht durchsetzen, er hat jedoch für die Rechte aller Autoren Pionierdienste geleistet.

Ein Vertrag über die Ausgabe letzter Hand wird nach langen Verhandlungen abgeschlossen, 1827 erscheinen die ersten Bände von geplanten vierzig Lieferungen. Als exklusiver Verlag Goethes zieht der renommierte Name Cotta auch den ambitionierten Schriftsteller und Publizisten Heine an, gehören zum "Verlagsimperium" doch so bedeutende Blätter wie die politische Tageszeitung Augsburger *Allgemeine Zeitung* oder das *Morgenblatt für gebildete Stände* als literarische Zeitung.

Während Heines Englandaufenthalt schlägt Karl August Varnhagen im Mai 1827 Baron von Cotta vor, Heine als Redakteur zu beschäftigen. Die Zusage erfolgt schnell, ein halbes Jahr später trifft Heine in München ein, wo er Cotta kennenlernt und als Mitherausgeber der Zeitschrift *Neue allgemeine politische Annalen* engagiert wird. Zusammen mit Friedrich Ludwig Lindner betreut er im ersten Halbjahr 1828 die *Annalen*, denen er eine fortschrittliche Tendenz geben möchte. Gleichzeitig bemüht er sich mit Hilfe seines einflußreichen Bekanntenkreises, u.a. durch Cotta, um eine Professur. Über die Arbeit bei Cotta äußert sich Heine zufrieden, an Varnhagen schreibt er am 12. Februar 1828: "Cotta behandelt mich sehr genereuse."

Die Arbeit in der Redaktion endet im Juli mit Heines Reise nach Italien. Cotta sieht er erst im März 1829 bei den Varnhagens in Berlin wieder. Inzwischen wurden im *Morgenblatt* Kapitel aus der *Reise von München nach Genua* veröffentlicht. Die guten persönlichen und geschäftlichen Beziehungen zu Cotta und dessen Nachfolger haben Bestand.

Als Dichter und politischer Berichterstatter verfügt Heine mit Hilfe von Cottas Zeitungen über ein Medium, das ihm auch nach seiner Übersiedlung nach Paris Präsenz und

Aktualität auf dem deutschen Buchmarkt sichert. Es erscheinen u.a. *Englische Fragmente*, *Französische Maler*, *Französische Zustände*, *Ueber die französische Bühne* in Cottas Verlag.

"Ich bin eine von Cottas theuersten Puppen", schreibt er 1828 an Moser. Das bleibt er zwanzig Jahre lang und bezeugt damit Qualität und Urteilsvermögen beider Partner.

Johann Friedrich von Cotta

Nachdem was ich Ihnen gestern mitgetheilt, begreifen Sie leicht, daß mir viel dran gelegen ist, die beikommenden drey Bücher sobald als möglich in des Königs Hände zu befördern. Bitte, vergessen Sie nicht sie mitzunehmen wenn Sie zum Könige gehen; es käme mir auch sehr zu Gute wenn Sie Ihm andeuten wollten: der Verfasser selbst sey viel milder, besser und vielleicht jetzt auch ganz anders als seine früheren Werke. Ich denke der König ist weise genug die Klinge nur nach ihrer Schärfe zu schätzen, und nicht nach dem etwa guten oder schlimmen Gebrauch, der schon davon gemacht worden.

Heine an Johann Friedrich von Cotta
18. Juni 1828

Ich hoffe, dieser Brief findet Sie ohne Schnupfen, Husten und ähnlichen Freuden, die jetzt in dem Lande, wo die Zitronen blühen, ebenfalls ganz besonders gedeihen und noch wohlfeiler zu haben sind. Ich armer Schelm bin jetzt in der Blüthe eines Catharrs, der es nicht rathsam macht jetzt über die Alpen zu gehen, ich muß wohl hier überwintern, und Ihnen schreiben statt Ihnen persönlich aufzuwarten.
[...]
Was die Fortsetzung der Annalen betrifft, so weiß ich nicht was ich Ihnen Bestimmtes darüber sagen soll. Wenn Sie den Wunsch hegen sie nicht fallen zu lassen, so habe ich mir gedacht es sey gut den Titel einigermaßen beyzubehalten und nur bequemer zu machen.
"Neue Annalen, eine Zeitschrift für Politik, Literatur und Sittenkunde."
Dies wäre ein Titel der dem Redakteur die gröste Freyheit ließe, ein Titel der ihm auch gestattet das belletristische Publikum ins Interesse zu ziehn, und diejenigen Materialien die das Ausland nicht brauchen kann vollauf zu benutzen. Was die Redakzion betrifft, so gestehe ich Ihnen, daß weder meine politischen Kenntnisse oder vielmehr meine Kenntniß von der Tagespolitik, noch meine Schreibart, mich zum Redakteur eines solchen Journals geeignet machen. Sollten Sie aber dennoch, Herr Baron, ganz besonders wünschen meinen Namen als Redakteur auf den Titel der Annalen zu setzen, so will ich Ihnen darüber meine Gedanken, so weit ich sie selbst kenne, offen mittheilen.

Heine an Johann Friedrich von Cotta
11. November 1828

Georg Friedrich Wilhelm Hegel

Georg Wilhelm Friedrich Hegel (1770-1831)
Philosoph

Goethes erster Kontakt zu Hegel entsteht in den Jahren zwischen 1800 und 1807, als dieser als Privatdozent in Jena lebt, wo sich seit der Jahrhundertwende der nachkantische Idealismus ausbildet. Goethe treibt zwar keine systematische Lektüre der Schriften Hegels, doch kommt ein Brückenschlag zwischen beiden zustande, da Hegel 1817 Goethes Farbenlehre positiv beurteilt. Goethe und Hegel sind sich nachfolgend einig in der Abneigung gegen jede abstrakte Theorie, die der lebendigen Wirklichkeit nicht entspricht.

Grundsätzlich bleiben jedoch die Positionen beider Denker in ihrer Differenz bestehen: so steht Goethes "Urphänomen" neben Hegels "Absolutem", Goethes ästhetisches neben Hegels philosophischem "Welt-Verhältnis". Der universalphilosophische Anspruch des Hegelschen "Absoluten" bleibt zuletzt Goethes anschaulicher Welt fremd.

Heine hört während seiner Berliner Studienzeit bei Hegel die Vorlesungen "Philosophie der Weltgeschichte" und lernt ihn auch persönlich kennen.

Die Begegnung mit der Philosophie Hegels wird zu einem Schlüsselerlebnis in der intellektuellen Entwicklung des jungen Heine. Er ist fasziniert von dem Gedanken, Geschichte als einen fortschreitenden Emanzipationsprozeß zu verstehen. In mehreren Etappen hat Heine sich wechselhaft und spannungsvoll mit den geschichtsphilosophischen Theorien Hegels auseinandergesetzt, schwerpunktmäßig in seiner Abhandlung *Zur Geschichte der Religion und Philosophie in Deutschland.*

Hegels Gegenwart zugleich mit Zelter war mir von großer Bedeutung und Erquickung. Gegen letzteren, mit dem ich so viele Jahre in stetigem Verkehr lebe, konnte freilich das Eigenste und Besonderste verhandelt werden; die Unterhaltung mit dem ersteren jedoch mußte den Wunsch erregen, längere Zeit mit ihm zusammen zu bleiben: denn was bei gedruckten Mitteilungen eines solchen Mannes uns unklar und abstrus erscheint, weil wir solches nicht unmittelbar unserem Bedürfnis aneignen können, das wird im lebendigen Gespräch alsobald unser Eigentum, weil wir gewahr werden, daß wir in den Grundgedanken und Gesinnungen mit ihm übereinstimmen und man also in beiderseitigem Entwickeln und Aufschließen sich gar wohl annähern und vereinigen könne.

Goethe an Karl Ludwig von Knebel
14. November 1827

Wie schwer das Verständnis der Hegelschen Schriften ist, wie leicht man sich hier täuschen kann, und zu verstehen glaubt, während man nur dialektische Formeln nachzukonstruieren gelernt, das merkte ich erst viele Jahre später hier in Paris, als ich mich damit beschäftigte, aus dem abstrakten Schulidiom jene Formeln in die Muttersprache des gesunden Verstandes und der allgemeinen Verständlichkeit, ins Französische, zu übersetzen. Hier muß der Dolmetsch bestimmt wissen, was er zu sagen hat, und der verschämteste Begriff ist gezwungen, die mystischen Gewänder fallen zu lassen und sich in seiner Nacktheit zu zeigen. Ich hatte nämlich den Vorsatz gefaßt, eine allgemein verständliche Darstellung der ganzen Hegelschen Philosophie zu verfassen, um sie einer neuern Ausgabe meines Buches de l'Allemagne als Ergänzung desselben einzuverleiben. Ich beschäftigte mich während zwei Jahren mit dieser Arbeit, und es gelang mir nur mit Not und Anstrengung, den spröden Stoff zu bewältigen und die abstraktesten Partien so populär als möglich vorzutragen. Doch als das Werk endlich fertig war, erfaßte mich bei seinem Anblick ein unheimliches Grauen, und es kam mir vor, als ob das Manuskript mich mit fremden ironischen, ja boshaften Augen ansähe. Ich war in eine sonderbare Verlegenheit geraten: Autor und Schrift paßten nicht mehr zusammen.

Heinrich Heine
Geständnisse, 1854

Alexander von Humboldt (1769-1859)
Naturforscher

Goethes Bekanntschaft mit Alexander von Humboldt wird 1794 durch dessen älteren Bruder Wilhelm von Humboldt vermittelt. In den ersten Jahren des Erfahrungsaustausches zwischen Goethe und Humboldt bilden die Botanik und die Mineralogie den vorrangigen thematischen Gesprächsstoff. Im Frühjahr1797 ist Humboldt einige Zeit in Jena, wo Goethe sich an Humboldts Experimenten im Laboratorium der Naturforschenden Gesellschaft beteiligt. Nach Humboldts Amerika-Expedition setzt sich die freundschaftliche Beziehung fort; die gegenseitige Hochachtung kommt in Widmungen und öffentlichen Sympathiebekundungen zum Ausdruck. Goethe bewundert zeitlebens die Vielseitigkeit und das Wissen Alexander von Humboldts, dessen Gegenwart alles in Bewegung setze, "was nur chemisch, physisch und physiologisch interessant sein kann" (Brief Goethes an Knebel, 28. März 1797). Er läßt sich von ihm wichtige Impulse geben bei der Behandlung naturwissenschaftlicher Fragen, während andererseits Goethes Einfluß auf Humboldt sich in der Plastizität der Sprache, in der "ästhetischen Behandlung naturhistorischer Gegenstände" widerspiegelt.

Heine lernt Alexander von Humboldt Anfang der 20-er Jahre im Salon der Varnhagens in Berlin kennen. 1846 bittet er Humboldt in einer politisch schwierigen Situation um Hilfe. Heine, gegen den nach der Veröffentlichung des *Wintermärchens* von Seiten der preußischen Regierung ein Haftbefehl vorliegt, bittet Humboldt, seinen "hohen Einfluß" geltend zu machen für eine freie Einreise; er beabsichtigte damals nämlich in Berlin einen Arzt zu konsultieren. Humboldts Bemühungen sind jedoch vergeblich.

Ein anrührendes Zeugnis der Verehrung Heines für Humboldt ist die wenige Tage vor seinem Tod beschriebene Visitenkarte:

"Dem großen Alexandros sendet seinen letzten Gruß der sterbende H. Heine."

Alexander von Humboldt

Sagen Sie mir ja von Zeit zu Zeit etwas von Ihren Erfahrungen und seien Sie meiner lebhaften Teilnahme gewiß. Da Ihre Beobachtungen vom Element, die meinigen von der Gestalt ausgehen, so können wir nicht genug eilen, uns in der Mitte zu begegnen. Dankbar erkenne ich den Anteil, den Sie mir auch öffentlich an Ihren Arbeiten geben wollen, dieser Beweis Ihrer freundschaftlichen Gesinnung ist mir sehr schmeichelhaft.

Ich gebe die Hoffnung noch nicht auf, Ilmenau einmal mit Ihnen zu besuchen. Da Ihre Tätigkeit, Ihre Liebhaberei und Bestimmung Sie in Bewegung erhalten, so habe ich Hoffnung, Sie von Zeit zu Zeit in unsern Gegenden zu sehen, und mit dem, was Sie denken und tun, immer bekannter zu werden. Ich nehme gewiß an Ihren Fortschritten lebhaften Anteil, und daß Sie mir ein öffentliches freundschaftliches Zeugnis unserer wissenschaftlichen Verbindung geben wollen, erkenne ich mit aufrichtigem Danke und erwarte Ihre Schrift mit vielem Verlangen. Leben Sie recht wohl, damit Ihre Tätigkeit ungestört fortwirke; gedenken Sie mein und lassen Sie mich von Zeit zu Zeit etwas von sich hören.

Goethe an Alexander von Humboldt
18. Juni 1795

Wenn, nach einer so langen Reihe von Jahren, Sie mir einmal wieder ein Zeichen des Lebens geben, wenn Sie sich meiner alten Bewunderung Ihres herrlichen, ein tiefes Naturgefühl athmenden *Buch der Lieder* erinnern, so darf ich nicht besorgen, daß Sie an der Aufrichtigkeit des Dankes zweifeln, der Ihrem Vertrauen in einer so rein menschlichen Angelegenheit gebührt: Noch ehe ich Ihren Brief vom 11ten Januar erhielt, hatte ich durch meinen geistreichen Freund Dieffenbach Kunde von ihrem schweren physischen Leiden erhalten. Ihr Wunsch beschränkte sich auf die Erlaubnis, ohne Gefahr für Ihre persönliche Sicherheit, Berlin von Hamburg aus, dieses Frühjahr auf einige Tage besuchen zu können, zu Ihrer Erholung, um hiesige Freunde einmal wieder zu sehen und Berliner Ärzte zu consultieren. Da mir nicht unbekannt sein konnte, daß in dem, was Sie als "die alte Registratur" bezeichnen, viele sehr bittere Anklagen gegen Sie vorliegen, so habe ich gehofft, Ihren Wünschen am besten zu entsprechen, wenn ich auf das zweite Motiv Ihrer Reise den größten Werth lege. Ich habe mit Wärme gehandelt und habe mir keine Art des Vorwurfs zu machen - aber es ist mir garnichts geglückt. Die Verweigerung ist sogar so bestimmt gewesen, daß ich, Ihrer persönlichen Ruhe wegen, Sie ja bitten muß, den Preußischen Boden nicht zu berühren. Ich glaube, gegen Sie die Pflicht erfüllen zu müssen, Ihnen ganz mit der Offenheit zu schreiben, die Schriftsteller sich gegeneinander schuldig sind. Empfangen Sie den Ausdruck meiner ausgezeichnetsten Hochachtung und die innigsten Wünsche für die Wiederherstellung Ihrer so tief erschütterten Gesundheit.

Ihr gehorsamer

A. Humboldt.

Alexander von Humboldt an Heine
Ende Januar 1846

Napoleon Bonaparte

Napoleon Bonaparte (1769-1821)

Dem kosmopolitischen Horizont Goethes entspricht seine zeitlebens pro-napoleonische Einstellung. Napoleon fasziniert ihn als außergewöhnliche Persönlichkeit, in der sich Macht und Geist vereinigen, eine Heldenfigur, die die Welt in "Erstaunen und Verwirrung setzt". 1807 notiert Riemer Goethes Ausspruch: "Außerordentliche Menschen, wie Napoleon, treten aus der Moralität heraus. Sie wirken zuletzt wie physische Ursachen, wie Feuer und Wasser." Auch das Scheitern des Giganten erscheint Goethe im Licht des Außerordentlichen.

Daß er 1808 von Napoleon zu einer Audienz geladen wird, gilt ihm als einer der Höhepunkte seines Lebens. Am 14. Oktober verleiht ihm der Kaiser das Napoleon Kreuz der Ehrenlegion. Nicht ohne leisen Spott schreibt Wilhelm von Humboldt am 9. Januar 1809 an seine Frau Karoline: "Ohne das Legionskreuz geht Goethe niemals, und von dem, durch den er es hat, pflegt er immer 'mein Kaiser' zu sagen!"

Heines Napoleonbild orientiert sich an Hegels Napoleon-Darstellung. In den *Vorlesungen über die Philosophie der Weltgeschichte* hatte dieser Napoleon neben Alexander und Cäsar zu den "welthistorischen Individuen" gezählt, die als "Geschäftsführer des Weltgeistes" die Idee der Freiheit vertreten. Dieser Anschauung folgt Heine und betont Napoleons Rolle als Repräsentant und Vollstrecker der Französischen Revolution. Die Ära Napoleons wird ihm zum Synonym für Fortschritt und Befreiung. "Napoleon als Mann der Idee, der Idee gewordene Mensch" heißt es in Heines Brief an Varnhagen am 1. Mai 1827.

Heine versteht sich jedoch nicht als blinder Parteigänger, er kritisiert Napoleons widersprüchliche Doppelrolle als Erbe der Revolution und als Diktator. In der *Reise von München nach Genua* rechnet er ab: "Unbedingt liebe ich ihn nur bis zum achtzehnten Brumaire – da verrieth er die Freyheit. Und er that es nicht aus Nothwendigkeit, sondern aus geheimer Vorliebe für Aristokratismus."

Ich will gerne gestehen, daß mir in meinem Leben nichts Höheres und Erfreulicheres begegnen konnte, als vor dem französischen Kaiser und zwar auf eine solche Weise zu stehen. Ohne mich auf das Detail der Unterredung einzulassen, so kann ich sagen, daß mich noch niemals ein Höherer dergestalt aufgenommen, indem er mit besonderem Zutrauen mich [...] gleichsam gelten ließ, und nicht undeutlich ausdrückte, daß mein Wesen ihm gemäß sey; wie er mich denn auch mit besondrer Gewogenheit entließ, und das zweytemal in Weimar die Unterhaltung in gleichem Sinne fortsetzte, so daß ich in diesen seltsamen Zeitläuften wenigstens die persönliche Beruhigung habe, daß wo ich ihm irgend wieder begegne, ich ihn als meinen freundlichen und gnädigen Herren finden werde.

Goethe an Johann Friedrich von Cotta
2. Dezember 1808

Es war eben in der Allee des Hofgartens zu Düsseldorf.
[...]
Der Kaiser trug seine scheinlose grüne Uniform und das kleine, welthistorische Hütchen. Er ritt ein weißes Rößlein, und das ging so ruhig stolz, so sicher, so ausgezeichnet - wär ich damals Kronprinz von Preußen gewesen, ich hätte dieses Rößlein beneidet. Nachlässig, fast hängend, saß der Kaiser, die eine Hand hielt hoch den Zaum, die andere klopfte gutmütig den Hals des Pferdchens - Es war eine sonnigmarmorne Hand, eine mächtige Hand, eine von den beiden Händen, die das vielköpfige Ungeheuer der Anarchie gebändigt und den Völkerzweikampf geordnet hatten - und sie klopfte gutmütig den Hals des Pferdes. Auch das Gesicht hatte jene Farbe, die wir bei marmornen Griechen- und Römerköpfen finden, die Züge desselben waren ebenfalls edel gemessen, wie die der Antiken, und auf diesem Gesichte stand geschrieben: Du sollst keine Götter haben außer mir.
[...]
Der Kaiser ist tot. Auf einer öden Insel des indischen Meeres ist sein einsames Grab, und Er, dem die Erde zu eng war, liegt ruhig unter dem kleinen Hügel, wo fünf Trauerweiden gramvoll ihre grünen Haare herabhängen lassen und ein frommes Bächlein wehmütig klagend vorbeirieselt. Es steht keine Inschrift auf seinem Leichensteine; aber Klio, mit dem gerechten Griffel, schrieb unsichtbare Worte darauf, die wie Geistertöne durch die Jahrtausende klingen werden.

Heinrich Heine
Ideen. Das Buch Le Grand, 1827

Die Vollendung des Domes war einer von Napoleons Lieblingsgedanken, und er war nicht weit vom Ziele entfernt, als seine Herrschaft gebrochen wurde. Die Östreicher vollenden jetzt das Werk. Auch an dem berühmten Triumphbogen, der die Simplonstraße beschließen sollte, wird weiter gebaut. Freilich, Napoleons Standbild wird nicht, wie früher bestimmt war, auf die Spitze jenes Bogens gestellt werden. Immerhin, der große Kaiser hat ein Standbild hinterlassen, das viel besser ist und dauerhafter als Marmor, und das kein Östreicher unseren Blicken entziehen kann. Wenn wir anderen längst von der Sense der Zeit niedergemäht und wie Spreu des Feldes verweht sein werden, wird jenes Standbild noch unversehrt dastehen; neue Geschlechter werden aus der Erde hervorwachsen, werden schwindelnd an jenes Bild hinaufsehen und sich wieder in die Erde legen; - und die Zeit, unfähig solch Bild zu zerstören, wird es in sagenhafte Nebel zu hüllen suchen, und seine ungeheure Geschichte wird endlich ein Mythos.

Vielleicht, nach Jahrtausenden, wird ein spitzfindiger Schulmeister, in einer grundgelehrten Dissertation, unumstößlich beweisen: daß der Napoleon Bonaparte ganz identisch sei mit jenem andern Titane, der den Göttern das Licht raubte und für dieses Vergehen auf einem einsamen Felsen, mitten im Meere, angeschmiedet wurde, preisgegeben einem Geier, der täglich sein Herz zerfleischte.

Heinrich Heine
Reise von München nach Genua, 1830

Claude Henri de Saint-Simon

Claude Henri Comte de Saint-Simon (1760-1825) Sozialphilospoh

Zwischen 1826 und 1830 gehört die Pariser Zeitschrift *Le Globe* zu Goethes wichtigsten Informationsquellen. Den Nachruf auf den Tod Saint-Simons 1825, hatte Goethe intensiv gelesen, ebenso die Memoiren des Grafen im Frühjahr 1830. Die Grundzüge des Saint-Simonismus waren ihm vertraut, so wie er sich auch mit den Theorien der Frühsozialisten Babeuf, Fourier und Robert Owen beschäftigt hatte.

Anlaß für die Auseinandersetzung mit den "utopischen Sozialisten" war die Julirevolution von 1830, die Goethe beunruhigt und verstört hatte. Im Oktober 1830 informiert Thomas Carlyle Goethe über seine saint-simonistische Lektüre und erhält dafür die Warnung: "Von der Société St. Simonienne bitte sich fern zu halten." Zwar stimmt Goethe der saint-simonistischen Gesellschaftsanalye zu hinsichtlich der Kritik an einem gnadenlosen Konkurrenzkampf, der zur Ausbeutung und Verelendung weiter Bevölkerungskreise führe, jedoch lehnt er entschieden die radikalen Maßnahmen ab, die die Saint-Simonisten für die bestehenden Besitzverhältnisse und Gesellschaftsstrukturen vorsahen. Deren optimistischem Glauben an eine perfekte Gesellschaft begegnet Goethe mit Skepsis. Als er über Zelter am 1. Februar 1832 einen Bericht von Felix Mendelssohn aus Paris über die Verhaftung Prosper Enfantins, des Kopfes der Saint-Simonisten, erhält, schreibt er erleichtert: "Es ist ein großer Schritt, höchst nötig, aber kaum denkbar, ein großer Sieg über die Anarchie." Goethes meist wohlwollende Lektüre des *Globe* bricht im Herbst 1830 ab, seit Januar nämlich bezeichnete sich das Blatt in seinem Untertitel als *Journal de la doctrine de Saint-Simon.*

Auch Heine hat die Doktrin Saint-Simons gründlich gelesen. An Varnhagen schreibt er am 1. April 1831: »Und jetzt? Jetzt glaube ich an neue Rückschritte, bin voller schlechten Profezeihungen - und träume jede Nacht, ich packe meine Koffer und reise nach Paris, um frische Luft zu schöpfen, ganz den heiligen Gefühlen meiner neuen Religion [Saint-Simonismus!] mich hinzugeben, und vielleicht als Priester derselben die letzten Weihen zu empfangen. -«

Nach seiner Übersiedlung nach Paris nimmt Heine an Versammlungen der Saint-Simonisten teil, u.a. an der letzten "Soiree Saint-Simonienne" am 2. März 1832 vor dem Verbot der Gruppe. Heines Ankunft erscheint als größere Meldung im *Globe*, ebenso sein Beitrag über den Saint-Simonismus und Auszüge aus *Exposition de 1831* (*Französische Maler*). Wie weit die Identifizierung Heines mit saint-simonistischen Gedanken reicht, ist schwer zu bestimmen, als Sympathisant muß er jedenfalls gelten.

Clara Wieck

Clara Wieck (1819-1896)
Pianistin

Als “musikalisches Wunderkind” wird sie schon früh von ihrem Vater in den renommiertesten Konzertsälen vor illustrem Publikum präsentiert. 1831 ist sie als 12-jährige bei dem 82-jährigen Goethe zu Gast. Acht Jahre später hört Heine 1839 die junge Pianistin bei einem ihrer Konzerte in Paris.

Goethe ist von der Virtuosität des Klavierspiels der Clara Wieck sehr beeindruckt; er lädt sie nach dem ersten Vorspiel erneut ein und schickt ihr sein Brustbild in Bronze, in ein Papier eingeschlagen mit der handschriftlichen Widmung “Der kunstreichen Clara Wieck”. Im Gespräch äußert er bewundernd: “Das Mädchen hat mehr Kraft als sechs Knaben zusammen”.

1843, als sie bereits mit Robert Schumann verheiratet ist, veröffentlicht Clara Schumann als eigene Komposition ihre Vertonung von Heines *Loreley.*

Goethes Äußerungen über Clara Wieck
in: Berthold Litzmann: *Clara Schumann,* S. 29

Auch erschien bei mir gestern ein merkwürdiges Phänomen. Ein Vater brachte seine flügelspielende Tochter zu mir, welche, nach Paris gehend, neuere Pariser Kompositionen vortrug; auch mir war die Art neu, sie verlangt eine große Fertigkeit des Vortrags, ist aber immer heiter; man folgt gern und läßt sich's gefallen.

Goethe an Carl Friedrich Zelter
5. Oktober 1831

Clara Schumanns eigenhändige Vertonung
von Heines *Loreley,* 1843

Felix Mendelssohn Bartholdy

Felix Mendelssohn Bartholdy (1809-1847)
Komponist

Goethe wie Heine sind schon früh auf das herausragende musikalische Talent des Felix Mendelssohn Bartholdy aufmerksam geworden, der 1821 zum erstenmal Goethe am Klavier vorspielt. Goethe bewundert den jungen Pianisten, so wie Heine später die musikalische Begabung des Komponisten Mendelssohn hervorhebt.

1829 lernt Heine in Berlin den jungen Mendelssohn und seine Schwester Fanny kennen. Mendelssohn seinerseits hat Gedichte beider Autoren vertont. Als wichtigste Arbeit seiner Beschäftigung mit dem Werk Goethes gilt die 1830 begonnene Vertonung von dessen "dramatischer Ballade" *Die erste Walpurgisnacht.* Bereits 30 Jahre zuvor hatte Goethe sein damals neu entstandenes Gedicht seinem Freund Zelter übermittelt mit der Anregung, es in Musik zu setzen. Zelter war an diesem Versuch jedoch gescheitert.

Soeben, früh halb 10 Uhr, fährt, beim klarsten Himmel, im schönsten Sonnenschein, der treffliche Felix, mit Ottilien, Ulriken und den Kindern, nachdem er 14 Tage bei uns vergnüglich zugebracht und alles mit seiner vollendeten liebenswürdigen Kunst erbaut, nach Jena, um auch dort die wohlwollenden Freunde zu ergötzen und in unsrer Gegend ein Andenken zurückzulassen, welches fortwährend hoch zu feiern ist.
[...]
Von der Bachischen Epoche heran, hat er mir wieder Haydn, Mozart und Gluck zum Leben gebracht, von den großen neuern Technikern hinreichende Begriffe gegeben, und endlich mich seine eigenen Produktionen fühlen und über sie nachdenken machen; ist daher auch mit meinen besten Segnungen geschieden.

Goethe an Carl Friedrich Zelter
3. Juni 1830

Außer dem jungen Felix Mendelssohn, der, nach dem Urteil sämtlicher Musiker, ein musikalisches Wunder ist, ein zweiter Mozart werden kann, wüßte ich unter den hier lebenden Autochthonen Berlins kein einziges Musikgenie aufzufinden.

Heinrich Heine
Briefe aus Berlin, 1822

Mendelssohns eigenhändige Vertonung
von Heines Gedicht *Mein Liebchen, wie saßen beisammen*

“Besuchte den Brocken, so wie auch Göthe”
Heine bei Goethe in Weimar

Eigentlich weiß man nichts über Heines Besuch bei Goethe. Sicher ist nur das Datum: 2. Oktober 1824. Verbreitet ist eine Anekdote von Heines Bruder Maximilian über die Begegnung der beiden Dichter. Inhaltlich ist über das Gespräch zwischen Goethe und Heine jedoch nichts bekannt. Heine selbst hat sich erst viel später brieflich und noch viel später literarisch (1836 in der *Romantischen Schule*) über diese Visite geäußert. Man kann daraus schließen, daß die so schwärmerisch ersehnte Begegnung für Heine zu einem geradezu traumatischen Ereignis wurde, über das er lange nicht sprechen konnte oder wollte.

In den Jahren zuvor hatte es von Seiten Heines bemerkenswert devote Annäherungsversuche an den berühmten Dichter gegeben. 1821 sendet er Goethe seinen ersten Gedichtband mit einem Begleitbrief, der heutigen Lesern als anbiedernd unterwürfig erscheinen muß. In demselben Ton ist der Brief abgefaßt, mit dem er 1824 nach seiner Harzwanderung, die er als Jurastudent von Göttingen aus unternimmt, um eine Audienz in Weimar bittet. Die Briefe sind durchaus nicht ironisch gemeint, sondern Belege für Heines Rollenspiel: er stellt sich stilistisch angemessen ein auf eine im Goethe-Umkreis herrschende ehrerbietige Tonlage. In dieses Umfeld gehört zum Beispiel auch der Brief des jungen, ebenfalls aus Düsseldorf stammenden und mit Heine befreundeten Dichters Karl Immermann.

Der Maler Franz Kugler, der 1829 ein Porträt von Heine anfertigt, beschreibt 1827 in einem Brief sehr anschaulich und nicht ohne ironische Distanzierungssignale das Besuchsritual bei Goethe, so wie es sicherlich auch der junge Heine erfahren hat.

Goethe hat auf die Zusendungen von Heine überhaupt nicht reagiert. Daß er den jungen Heine bei der Audienz 1824 vermutlich nicht sehr ernst genommen hat, ist auffallend, da Heine in seinem Brief als Referenz neben Varnhagen den Altertumswissenschaftler Friedrich August Wolf nennt, mit dem Goethe seit fast 30 Jahren durch Briefkontakt und zahlreiche persönliche Begegnungen verbunden war.

Als Reaktion auf Heines Besuch existiert lediglich eine knappe Tagebuchnotiz:

“Heine von Göttingen”

Einzige schriftliche Äußerung
Goethes über Heine

Göttingen: Universität

Göttingen: Das Weender Tor

Heinrich Heine
Porträt von unbekanntem Künstler, um 1825

Berlin: Universität

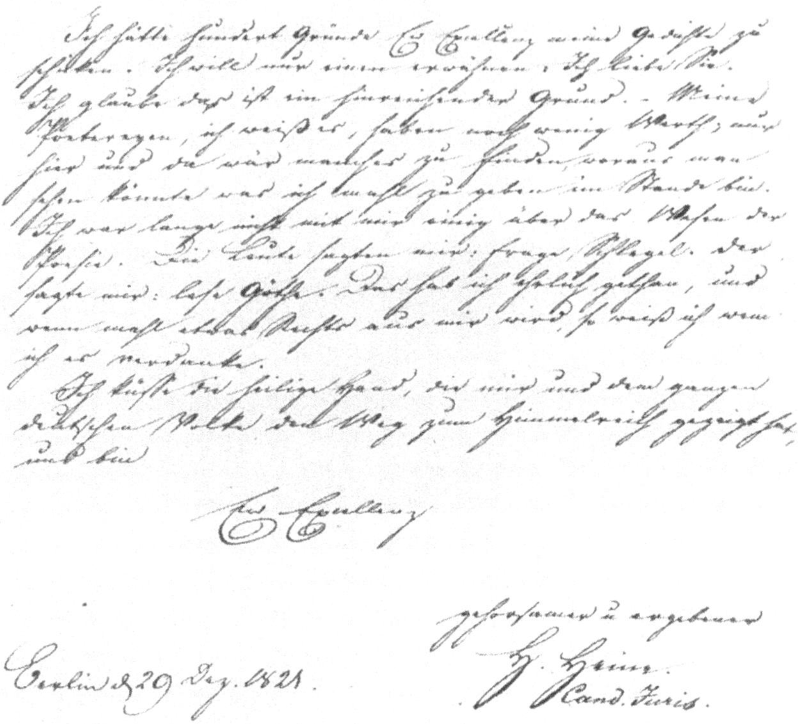
Ich hätte hundert Gründe Ew. Excellenz meine Gedichte zu schicken. Ich will nur einen erwähnen: Ich liebe Sie. Ich glaube das ist ein hinreichender Grund. - Meine Poetereyen, ich weiß es, haben noch wenig Werth; nur hier und da wär manches zu finden, woraus man sehen könnte was ich mahl zu geben im Stande bin. Ich war lange nicht mit mir einig über das Wesen der Poesie. Die Leute sagten mir: frage Schlegel. Der sagte mir: lese Göthe. Das hab ich ehrlich gethan, und wenn mahl etwas Rechtes aus mir wird, so weiß ich wem ich es verdanke.

Ich küsse die heilige Hand, die mir und dem ganzen deutschen Volke den Weg zum Himmelreich gezeigt hat, und bin

Ew. Excellenz

gehorsamer u ergebener

H. Heine.

Kand. Juris.

Berlin d. 29 Dez. 1821.

Heines eigenhändiger Brief an Goethe
vom 29. Dezember 1821

Ich hätte hundert Gründe Ew Excellenz meine Gedichte zu schicken. Ich will nur einen erwähnen: Ich liebe Sie. Ich glaube das ist ein hinreichender Grund.

- Meine Poetereyen, ich weiß es, haben noch wenig Werth; nur hier und da wär manches zu finden, woraus man sehen könnte was ich mahl zu geben im Stande bin. Ich war lange nicht mit mir einig über das Wesen der Poesie. Die Leute sagten mir: frage Schlegel. Der sagte mir: lese Göthe. Das hab ich ehrlich gethan, und wenn mahl etwas Rechts aus mir wird, so weiß ich wem ich es verdanke.
Ich küsse die heilige Hand, die mir und dem ganzen deutschen Volke den Weg zum Himmelreich gezeigt hat, und bin

Ew Excellenz
gehorsamer und ergebener
H. Heine
Cand. Juris.

Berlin d 29 Dez. 1821.

Heine an Goethe
29. Dezember 1821

Brockenhaus

Widmungsexemplar für
Johann Wolfgang Goethe

Tragödien, nebst einem lyrischen Intermezzo, Berlin 1823
Als ein Zeichen seiner tiefsten Verehrung übersendet dieses Buch
der Verfasser.
Berlin, Mai 1823

Widmungsexemplar für
Johann Wolfgang Goethe

Reisebilder. Erster Theil, Hamburg 1826
Sr. Excellenz d Herrn Geheimrath v. Göthe übersendet dieses Buch, als ein Zeichen der
höchsten Verehrung und Liebe der Verfasser.
Hamburg, Mai 1826

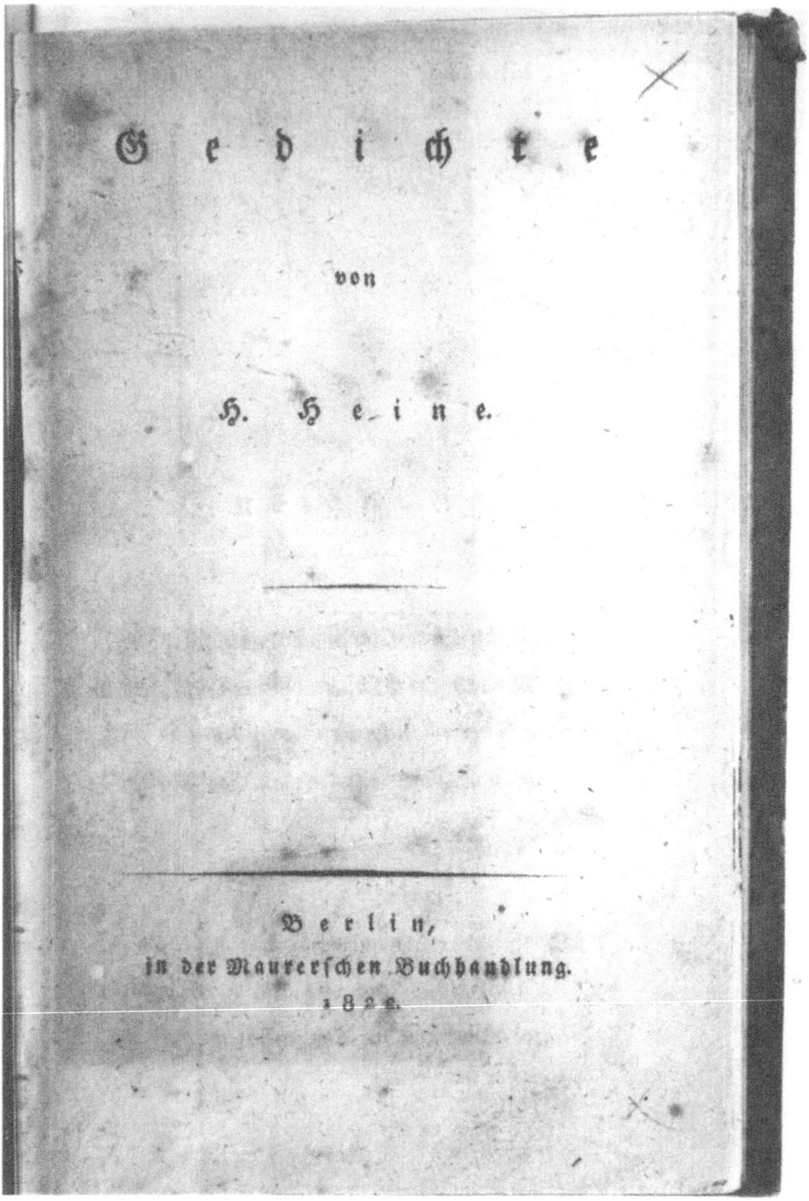

Heines *Gedichte* von 1822
Titelblatt des Buches für Goethe

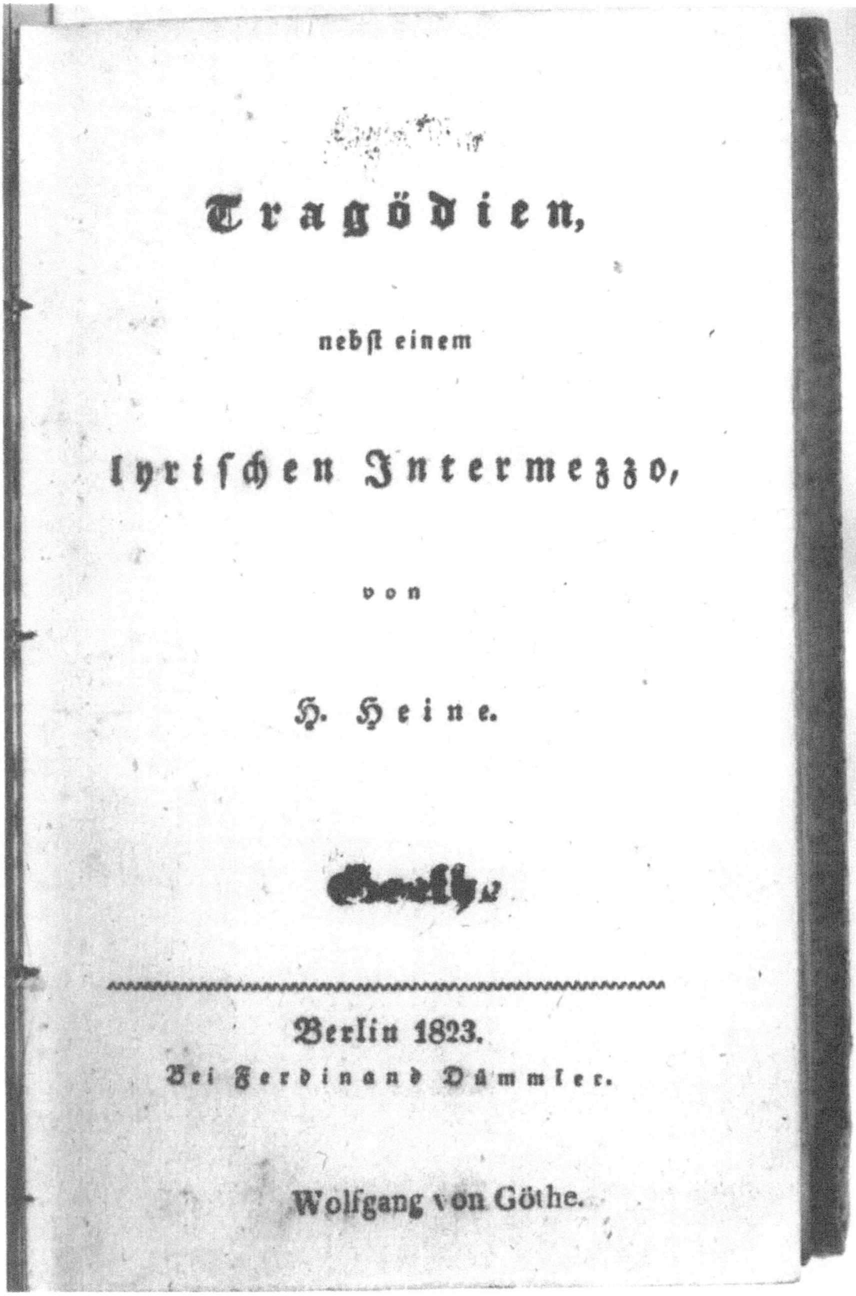
Tragödien,

nebst einem

lyrischen Intermezzo,

von

H. Heine.

Goethe

Berlin 1823.
Bei Ferdinand Dümmler.

Wolfgang von Göthe.

Heines *Tragödien* von 1823
Widmungsexemplar für Goethe

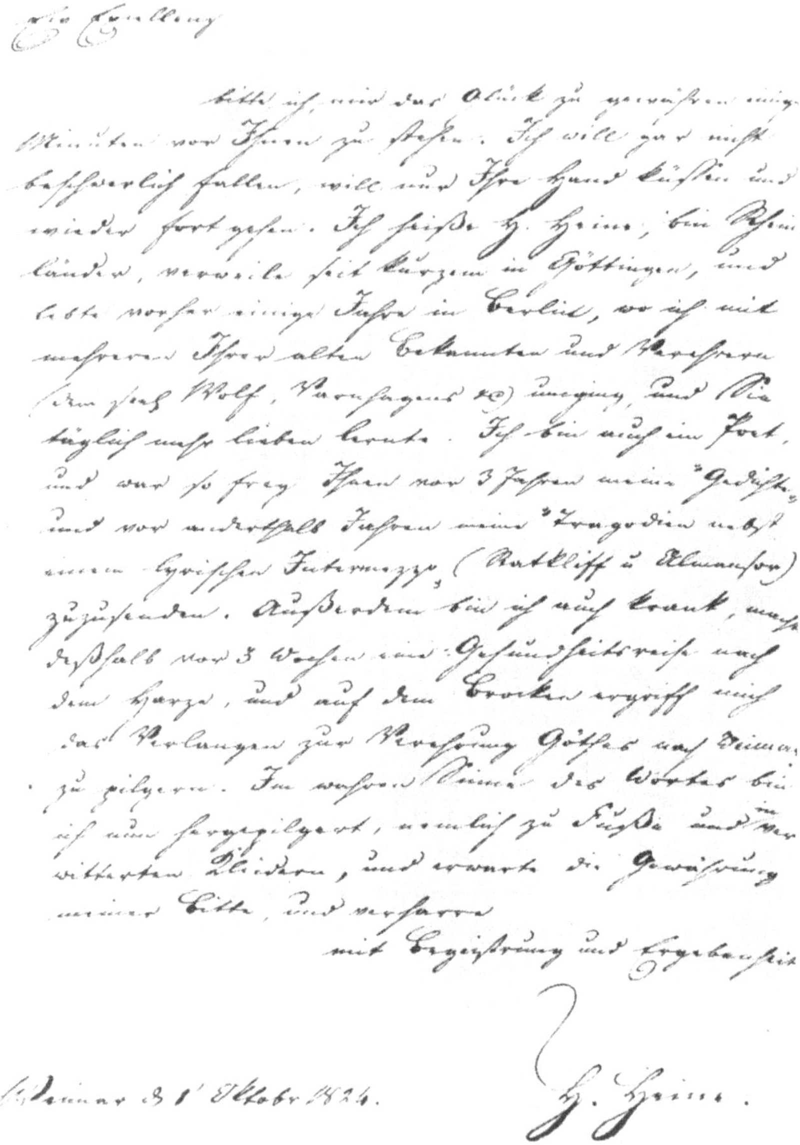

Ew. Excellenz

bitte ich, mir das Glück zu gewähren, einige Minuten vor Ihnen zu stehen. Ich will gar nicht beschwerlich fallen, will nur Ihre Hand küssen und wieder fortgehen. Ich heiße H. Heine, bin Rheinländer, verweile seit kurzem in Göttingen, und lebte vorher einige Jahre in Berlin, wo ich mit mehreren Ihrer alten Bekannten und Verehrern (dem seel. Wolf, Varnhagens etc.) umging, und Sie täglich mehr lieben lernte. Ich bin auch ein Poet, und war so frey Ihnen vor 3 Jahren meine "Gedichte", und vor anderthalb Jahren meine "Tragödien nebst einem lyrischen Intermezzo" (Ratcliff u. Almansor) zuzusenden. Außerdem bin ich auch krank, machte deßhalb vor 3 Wochen eine Gesundheitsreise nach dem Harze, und auf dem Brocken ergriff mich das Verlangen zur Verehrung Göthes nach Weimar zu pilgern. Im wahren Sinne des Wortes bin ich nun hergepilgert, nämlich zu Fuße und in verwitterten Kleidern, und erwarte die Gewährung meiner Bitte, und verharre

mit Begeisterung und Ergebenheit

H. Heine.

Weimar d. 1ᵗ Oktober 1824.

Heines eigenhändiger Brief an Goethe
vom 1. Oktober 1824

Ew. Exellenz

bitte ich, mir das Glück zu gewähren einige Minuten vor Ihnen zu stehen. Ich will gar nicht beschwerlich fallen, will nur Ihre Hand küssen und wieder fort gehen. Ich heiße H. Heine, bin Rheinländer, verweile seit kurzem in Göttingen, und lebte vorher einige Jahre in Berlin, wo ich mit mehreren Ihrer alten Bekannten und Verehrern (dem seeligen Wolf, Varnhagens etc) umging, und Sie täglich mehr lieben lernte. Ich bin auch ein Poet, und war so frey Ihnen vor 3 Jahren meine "Gedichte" und vor anderthalb Jahren meine "Tragödien nebst einem lyrischen Intermezzo" (Ratkliff und Almansor) zuzusenden. Außerdem bin ich auch krank, machte deßhalb vor 3 Wochen eine Gesundheitsreise nach dem Harze, und auf dem Brocken ergriff mich das Verlangen zur Verehrung Göthes nach Weimar zu pilgern. Im wahren Sinne des Wortes bin ich nun hergepilgert, nemlich zu Fuße und in verwitterten Kleidern, und erwarte die Gewährung meiner Bitte, und verharre

mit Begeistrung und Ergebenheit
H. Heine.

Weimar d 1' Oktober 1824.

Heine an Goethe
1. Oktober 1824

Johann Wolfgang von Goethe
Porträt von K. Ch. Vogel von Vogelstein, 1824

Ew. Exzellenz
überreiche ich mit den anliegenden Bänden in Ehrfurcht das Ihnen zugeeignete Trauerspiel.
Wir Jüngern sind sämtlich bei Ew. Exzellenz in die Schule gegangen. Die Undankbaren leugnen es, und bringen es in ihrem kalten Trotze bis zu Pseudo-Wanderjahren. Die Dankbaren gestehen es gern vor aller Welt, gar nicht gestört in ihrer Verehrung, wenn sie kein Zeichen der Gunst vom Lehrer empfangen, vollkommen zufrieden damit, daß ihnen gegönnt wurde, in ihrem Leben ein Muster zu erblicken.

Münster
am 14 ten Mai 1822

gehorsamst
Immermann

Karl Immermann an Goethe
14. Mai 1822

Johann Wolfgang von Goethe
Porträt von H.F. Brandt, 1826

Den Herbst machte ich eine Fußreise nach dem Harz den ich die Kreuz und Quer durchstreifte, besuchte den Brocken, so wie auch Göthe auf meiner Rückreise über Weimar. Ich reiste nemlich über Eisleben, Halle, Jena, Weimar, Erfurth, Gotha Eisennacht und Kassel hierher wieder zurück. Viel Schönes habe ich auf dieser Reise gesehen, und unvergeßlich bleiben mir die Thäler der Bode und Selke. Wenn ich gut haushalte kann ich mein ganzes Leben lang meine Gedichte mit Harzbäumen ausstaffiren. -

Ueber Göthes Aussehen erschrak ich bis in tiefster Seele, das Gesicht gelb und mumienhaft, der zahnlose Mund in ängstlicher Bewegung, die ganze Gestalt ein Bild menschlicher Hinfälligkeit. Vielleicht Folge seiner Letzten Krankheit. Nur sein Auge war klar und glänzend. Dieses Auge ist die einzige Merkwürdigkeit die Weimar jetzt besitzt. Rührend war mir Göthes tiefmenschliche Besorgniß wegen meiner Gesundheit. Der seelige Wolf hatte ihm davon gesprochen. In vielen Zügen erkannte ich den Göthe, dem das Leben, die Verschönerung und Erhaltung desselben, so wie das eigentlich praktische überhaupt, das Höchste ist. Da fühlte ich erst ganz klar den Contrast dieser Natur mit der meinigen, welcher alles Praktische unerquiklich ist, die das Leben im Grunde gringschätzt und es trotzig hingeben möchte für die Idee. Das ist ja eben der Zwiespalt in mir daß meine Vernunft in beständigem Kampf steht mit meiner angeborenen Neigung zur Schwärmerey. Jetzt weiß ich es auch ganz genau warum die göthischen Schriften im Grund meiner Seele mich immer abstießen, so sehr ich sie in poetischer Hinsicht verehrte und so sehr auch meine gewöhnliche Lebensansicht mit der göthischen Denkweise übereinstimmte. Ich liege also in wahrhaftem Kriege mit Göthe und seinen Schriften, so wie meine Lebensansichten in Krieg liegen mit meinen angeborenen Neigungen und geheimen Gemüthsbewegungen. - Doch seyn Sie unbesorgt, guter Christiany, diese Kriege werden sich nie äußerlich zeigen, ich werde immer zum göthischen Freykorps gehören, und was ich schreibe wird aus der künstlerischen Besonnenheit und nie aus tollem Enthousiasmus entstehen.

Heine an Rudolf Christiani
26. Mai 1825

Heinrich Heine
Porträt von Franz Kugler, 1829

Eine hohe, edle Gestalt, nicht gebückt, im braunen Überrock, den Kragen ein wenig phantastisch geschnitten und niederhängend. Das Gesicht ist edel, nicht so verfallen, als Du glaubtest, die Farbe dunkel, braunrot, die Nase groß, aber nicht lang, über der gewaltigen jovischen Stirn heben sich weiße Haare, um den Mund spielt ein eignes Lächeln... Er lädt Dich ein, neben ihm auf dem Sofa Platz zu nehmen, spricht mit Dir über dies und das, wie Du sonst schon bei Visiten auf der Reise gewohnt bist; nur bricht er überall schnell ab mit einem fast ängstlichen: »So so, na schön, und von hier gehen Sie u.s.w.« Du zeigst ihm die Skizze von Zelters Profil; er spricht darüber ein paar allgemeine Worte, freut sich, Dich kennen gelernt zu haben, über welches ganz gewöhnliche Kompliment Du alle Kontenance verlierst und Dich schnell empfiehlst. Daß Dein Besuch kurz, die Unterredung von gleichgültigen Gegenständen war, wird Dich nicht weiter befremden; Du wirst aber die gewaltige, königliche Erscheinung nicht so leicht aus Sinn und Gedanken zu bannen vermögen.

Franz Kugler
in: *Goethe. Seine äußere Erscheinung*, S. 37 f.

Weimar

Es sprach gerade nicht für den Scharfblick des großen Goethe, daß er den aufgehenden Stern einer so originellen Poesie, wie die Heine's, nicht erkannte, oder, wie Einige zu seiner sonderbaren Entschuldigung behaupten, nicht erkennen wollte. Wie dem auch sei, der junge Dichter glühte in Verehrung für den hohen Meister, und ein innerer Drang zog ihn nach Weimar, um dem größten Dichter seiner Zeit persönlich zu huldigen.

Goethe empfing Heine mit der ihm eigenen graziösen Herablassung. Die Unterhaltung, wenn auch nicht gerade über das Wetter, bewegte sich auf sehr gewöhnlichem Boden, selbst über die Pappelallee zwischen Jena und Weimar wurde gesprochen. Da richtete plötzlich Goethe die Frage an Heine: "Womit beschäftigen Sie sich jetzt?"
Rasch antwortete der junge Dichter: "Mit einem Faust."

Goethe, dessen zweiter Theil des Faust damals noch nicht erschienen war, stutzte ein Wenig, und fragte in spitzigem Tone: "Haben Sie weiter keine Geschäfte in Weimar, Herr Heine?"

Heine erwiderte schnell: "Mit meinem Fuße über die Schwelle Ew. Excellenz sind alle meine Geschäfte in Weimar beendet," und empfahl sich.

Maximilian Heine: *Erinnerungen an Heinrich Heine und seine Familie*, S. 122 f.

Johann Wolfgang von Goethe
Lithographie nach J. K. Stieler, 1828

Heinrich Heine
Porträt von Colla, nach 1825

“Ein großer Mann in einem seidnen Rock”
Heines Blick auf die Gestalt und Person Goethes

Noch aus der Zeit vor der persönlichen Begegnung in Weimar stammt Heines staunend distanziert anmutende Beschreibung des skeptisch bewunderten Dichters als “großer Mann in einem seidnen Rock”, womit nicht nur ein Bedeutungs- und Generationsunterschied, sondern auch die so unterschiedlichen Lebensweisen angesprochen werden. Als Heine zwei Jahre später zu Fuß nach Weimar unterwegs war, wird er neben hochgespannten Erwartungen an die Unterredung auch ein bestimmtes tradiertes Goethe-Bild im Kopf gehabt haben, das dann durch die wirkliche Begegnung merklich korrigiert wurde. Die polemisch überzogenen an Freunde gerichteten Brief-Äußerungen Heines beschreiben den alten, von Krankheit gezeichneten Goethe.

Es gibt auch Äußerungen von Zeitgenossen, die - wenn auch nicht derart überspitzt wie bei Heine - doch deutliche Altersspuren in Goethes Erscheinung entdecken. Solche Spuren mögen nach einer schweren Herzerkrankung Goethes im Frühjahr 1823 noch verstärkt hervorgetreten sein und Heines Einruck beeinflußt haben.

Schon 1821 schreibt August Graf von Platen: “Bei seiner Verbeugung konnte man ein leichtes Zittern bemerken. Auch auf seinem Angesicht sind die Spuren des Alters eingeprägt.” Wenige Wochen vor Heine beobachtet dann der Besucher Georg Friedrich Kersting am 18. August 1824. “Ich fand Goethen [...] sehr gealtert und auch etwas Zittrich an den Armen”.

In den Kennzeichnungen Goethes geht es Heine nur vordergründig darum, dessen äußere Gestalt im Zerrbild eines hinfälligen alten Mannes vorzustellen, um den Kontrast zur eigenen Jugendlichkeit noch zu verschärfen. Der eigentliche Angriff richtet sich gegen Goethe als Person. Heine, der “Schwärmer”, der für die “Idee” Begeisterte, polemisiert gegen den egoistischen “Lebemenschen” und dessen ministerielle Behaglichkeit.

Allerdings gibt es in den frühen Briefen auch schon Hinweise auf den Respekt gegenüber der poetischen Gestaltungskraft des großen Rivalen. Die Differenzierung zwischen Kritik an der Person Goethes und der Anerkennung des Dichters wird in späteren Jahren vor allem in der *Romantischen Schule* weitergeführt.

Beide Äußerungen in: *Goethe. Seine äußere Erscheinung*, S. 31 u. 34

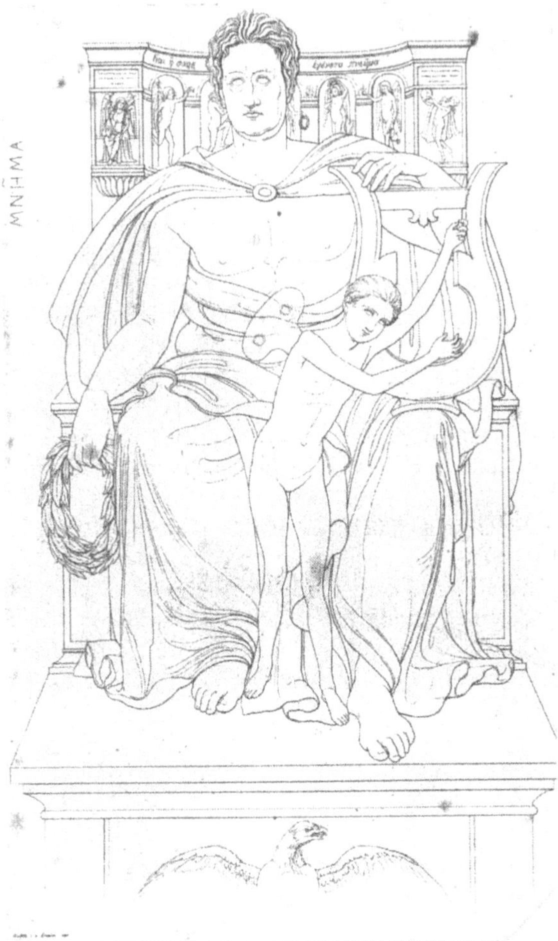

Bettina von Arnims Entwurf
für ein Goethe-Denkmal in Frankfurt/M., nach 1820,
mit der Darstellung Goethes als olympischem Gott

Ich will nicht ungerecht sein und hier unerwähnt lassen die Verehrung, die man hier dem Namen Goethe zollt, der deutsche Dichter, von dem man hier am meisten spricht. Aber Hand aufs Herz, mag das feine, weltkluge Betragen unseres Goethe nicht das meiste dazu beigetragen haben, daß seine äußere Stellung so glänzend ist und daß er in so hohem Maße die Affektion unserer Großen genießt? Fern sei es von mir, den alten Herrn eines kleinlichen Charakters zu zeihen. Goethe ist ein großer Mann in einem seidnen Rock. Am großartigsten hat er sich noch kürzlich bewiesen gegen seine kunstsinnigen Landsleute, die ihm im edeln Weichbilde Frankfurts ein Monument setzen wollten, und ganz Deutschland zu Geldbeiträgen aufforderten. Hier wurde über diesen Gegenstand erstaunlich viel diskutiert , und meine Wenigkeit schrieb folgendes mit Beifall beehrte Sonett:

Hört zu, ihr deutschen Männer, Mädchen, Frauen,
Und sammelt Subskribenten unverdrossen;
Die Bürger Frankfurts haben jetzt beschlossen:
Ein Ehrendenkmal Goethen zu erbauen.

»Zur Meßzeit wird der fremde Krämer schauen« -
So denken sie - »daß Wir des Manns Genossen,
Daß Unserm Miste solche Blum entsprossen,
Und blindlings wird man Uns im Handel trauen.«

O, laßt dem Dichter seine Lorbeerreiser,
Ihr Handelsherrn! Behaltet Euer Geld.
Ein Denkmal hat sich Goethe selbst gesetzt.

Im Windelnschmutz war er Euch nah, doch jetzt
Trennt Euch von Goethe eine ganze Welt,
Euch, die ein Flüßlein trennt vom Sachsenhäuser!

Der große Mann machte, wie bekannt ist, allen Diskussionen dadurch ein Ende, daß er seinen Landsleuten mit der Erklärung: »er sei gar kein Frankfurter« das Frankfurter Bürgerrecht zurückschickte.

Letzteres soll seitdem - um frankfurtisch zu sprechen - 99 Prozent im Werte gesunken sein.

Heinrich Heine
Briefe aus Berlin, 1822

Johann Wolfgang von Goethe
Porträt von L. Sebbers, 1826

Daß ich Dir von Göthe nichts geschrieben und wie ich ihn in Weimar gesprochen, und wie er mir recht viel Freundliches und Herablassendes gesagt, daran hast Du nichts verloren. Er ist nur noch das Gebäude worin einst herrliches geblüht, und nur das wars was mich an ihm interessirte. Er hat ein wehmüthiges Gefühl in mir erregt, und er ist mir lieber geworden seit ich ihn bemitleide. Im Grunde aber sind Ich und Göthe zwey Naturen die sich in ihrer Heterogenität abstoßen müssen. Er ist von Haus aus ein leichter Lebemensch dem der Lebensgenuß das Höchste, und der das Leben für und in der Idee wohl zuweilen fühlt und ahnt und in Gedichten ausspricht, aber nie tief begriffen und noch weniger gelebt hat. Ich hingegen bin von Haus aus ein Schwärmer, d.h. bis zur Aufopferung begeistert für die Idee, und immer gedrängt in dieselbe mich zu versenken, dagegen aber habe ich den Lebensgenuß begriffen und Gefallen dran gefunden, und nun ist in mir der große Kampf zwischen meiner klaren Vernünftigkeit die den Lebensgenuß billigt und alle aufopfernde Begeisterung als etwas Thörigtes ablehnt, und zwischen meiner schwärmerischen Neigung, die oft unversehens aufschießt, und mich gewaltsam ergreift, und mich vielleicht einst wieder in ihr uraltes Reich hinabzieht, wenn es nicht besser ist zu sagen hinaufzieht; denn es ist noch die große Frage ob der Schwärmer, der selbst sein Leben für die Idee hingiebt, nicht in einem Moment mehr und glücklicher lebt als Herr v. Göthe während seines ganzen 76 jährigen egoistisch behäglichen Lebens.

Heine an Moses Moser
1. Juli 1825

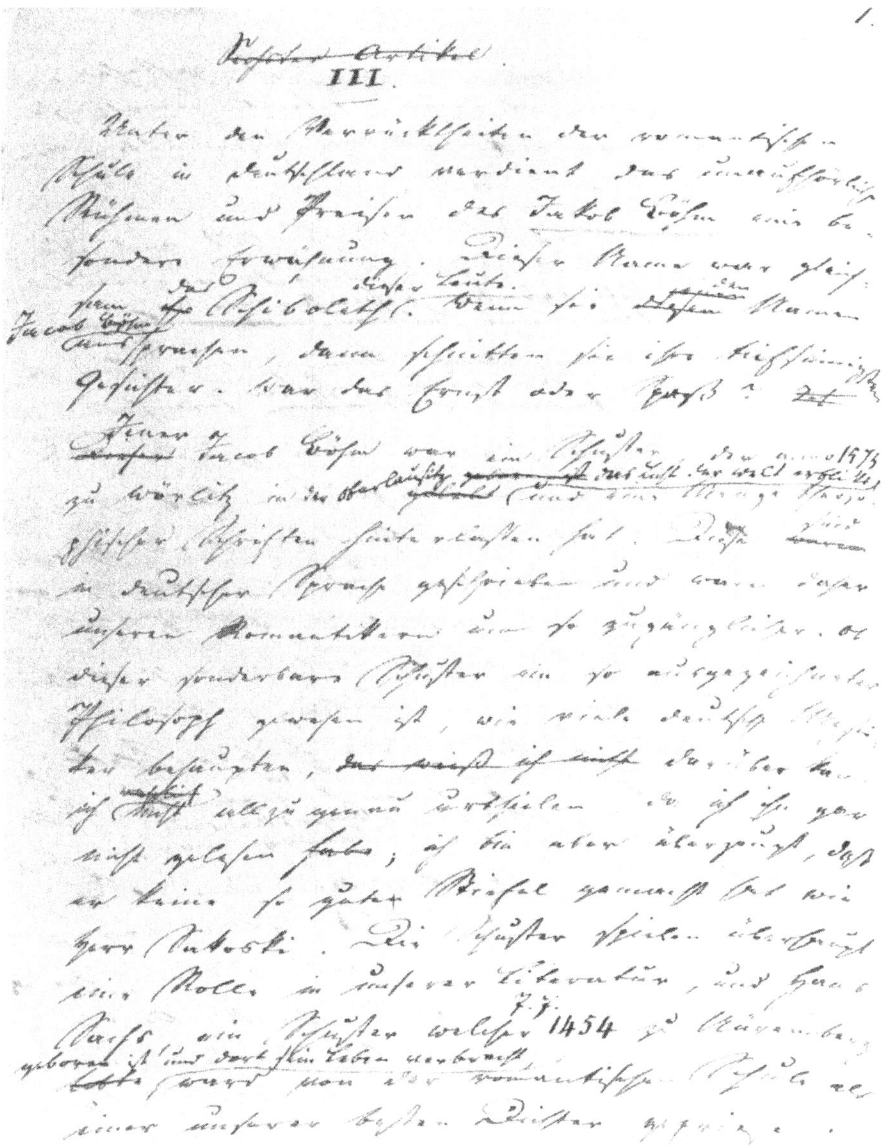

Heines eigenhändiges Manuskript zur *Romantischen Schule*

In der Tat, die Übereinstimmung der Persönlichkeit mit dem Genius, wie man sie bei außerordentlichen Menschen verlangt, fand man ganz bei Goethe. Seine äußere Erscheinung war eben so bedeutsam wie das Wort das in seinen Schriften lebte; auch seine Gestalt war harmonisch klar, freudig, edel gemessen, und man konnte griechische Kunst an ihm studieren, wie an einer Antike. Dieser würdevolle Leib war nie gekrümmt von christlicher Wurmdemut; die Züge dieses Antlitzes waren nicht verzerrt von christlicher Zerknirschung; diese Augen waren nicht christlich sünderhaft scheu, nicht andächtelnd und himmelnd, nicht flimmernd bewegt: - nein, seine Augen waren ruhig wie die eines Gottes. Es ist nämlich überhaupt das Kennzeichen der Götter, daß ihr Blick fest ist und ihre Augen nicht unsicher hin und her zucken.

[...]

Goethes Auge blieb in seinem hohen Alter eben so göttlich wie in seiner Jugend. Die Zeit hat auch sein Haupt zwar mit Schnee bedecken, aber nicht beugen können. Er trug es ebenfalls immer stolz und hoch, und wenn er sprach wurde er immer größer, und wenn er die Hand ausstreckte, so war es, als ob er, mit dem Finger, den Sternen am Himmel den Weg vorschreiben könne, den sie wandeln sollten. Um seinen Mund will man einen kalten Zug von Egoismus bemerkt haben; aber auch dieser Zug ist den ewigen Göttern eigen, und gar dem Vater der Götter, dem großen Jupiter, mit welchem ich Goethe schon oben verglichen. Wahrlich, als ich ihn in Weimar besuchte und ihm gegenüber stand, blickte ich unwillkürlich zur Seite, ob ich nicht auch neben ihm den Adler sähe mit den Blitzen im Schnabel. Ich war nahe dran ihn griechisch anzureden; da ich aber merkte, daß er deutsch verstand, so erzählte ich ihm auf deutsch: daß die Pflaumen auf dem Wege zwischen Jena und Weimar sehr gut schmeckten. Ich hatte in so manchen langen Winternächten darüber nachgedacht, wie viel Erhabenes und Tiefsinniges ich dem Goethe sagen würde, wenn ich ihn mal sähe. Und als ich ihn endlich sah, sagte ich ihm, daß die sächsischen Pflaumen sehr gut schmeckten. Und Goethe lächelte.

Heinrich Heine
Die Romantische Schule, 1836

Johann Wolfgang von Goethe
Kuperstich von C.A. Schwerdgeburth, 1832

Johann Wolfgang von Goethe
Porträt nach F. Jagemann, 1823

Dieser Riese war Minister in einem deutschen Zwergstaate. Er konnte sich nie natürlich bewegen. Man sagte von dem sitzenden Jupiter des Phidias zu Olympia, daß er das Dachgewölbe des Tempels zersprengen würde, wenn er einmal plötzlich aufstünde. Dies war ganz die Lage Goethes zu Weimar; wenn er aus seiner stillsitzenden Ruhe einmal plötzlich in die Höhe gefahren wäre, er hätte den Staatsgiebel durchbrochen, oder, was noch wahrscheinlicher, er hätte sich daran den Kopf zerstoßen. Und dieses sollte er riskieren für eine Lehre, die nicht bloß irrig, sondern auch lächerlich? Der deutsche Jupiter blieb ruhig sitzen, und ließ sich ruhig anbeten und beräuchern.

Heinrich Heine
Zur Geschichte der Religion und Philosophie in Deutschland, 1834

“Die Kunstbehaglichkeit des großen Zeitablehnungsgenies” Ästhetische Positionen

Heine sowie auch seine Schriftstellerkollegen des “Jungen Deutschland” machen ihre Opposition gegen Goethe vornehmlich an dem Schlüsselbegriff “Kunstperiode” fest. Sie beschreiben damit einerseits die Welt- und Zeitenthobenheit der von Goethe vertretenen Kunstanschauung, wobei eine ästhetische Würdigung durchaus eingeschlossen ist, andererseits bilden sie im Gegensatz dazu programmatisch ihre moderne Ästhetik heraus, die mit neuen Leitbegriffen arbeitet. Aktualität, Subjektivität, Bewegung, Demokratie signalisieren jetzt den Aufbruch in ein neues, auch politisch verantwortungsbewußtes literarisches Zeitalter und markieren zugleich das Ende der “aristokratischen” Literaturperiode. Die epochale Bedeutung der Goetheschen Literaturästhetik hat Heine früh erkannt. Mehrfach, und zwar schon vor 1832, bringt Heine Goethes Tod mit dem Ende der Kunstperiode in Verbindung, bevor er dann die *Romantische Schule* einleitet mit der Beobachtung, daß “die meisten glauben mit dem Tode Goethes beginne in Deutschland eine neue literarische Periode, mit ihm sei auch das alte Deutschland zu Grabe gegangen, die aristokratische Zeit der Literatur sei zu Ende, die demokratische beginne”.

Schon 1828 taucht dieser Gedanke in seiner Besprechung von Menzels *Die deutsche Literatur* auf, und geradezu prophetisch kündet Heine ein Jahr vor Goethes Tod in den *Französischen Malern* die Epoche nach Goethe als Zeit eines neuen Kunstverständnisses an. An dieser wiederholten Form der Auseinandersetzung, mehr noch durch die intensive Beschwörung eines Neubeginns der Literaturästhetik nach 1832, wird spürbar, wie stark die junge Schriftstellergeneration sich belastet, geradezu paralysiert gefühlt haben muß durch die “Goethesche Kaiserzeit”.

Bei diesem Ablösungsprozeß sieht Heine sich in der Rolle des Thronfolgers. Er will nach dem Tod Goethes für die neue Schriftstellergeneration die programmatische Richtung bestimmen. So formuliert er jedenfalls seine Position in einem Brief an den ebenfalls zur Gruppe des “Jungen Deutschland” zu zählenden Heinrich Laube, dem er seinen 1833 in Paris erschienenen ersten Band von *Zur Geschichte der neueren schönen Literatur in Deutschland* (später als *Romantische Schule* in Hamburg erschienen) schickt mit einer Erklärung, die die Bedeutung des “Büchleins” noch einmal hervorhebt: “Es war nöthig nach Goethes Tode dem deutschen Publikum eine literarische Abrechung zu überschicken. Fängt jetzt eine neue Literatur an, so ist dies Büchlein auch zugleich Programm und ich, mehr als jeder andere, mußte wohl dergleichen geben. - Ich hoffe in diesem Jahr sehr thätig zu seyn, je nachdem es Noth thut.” (8. April 1833)

Heinrich Heine
Porträt von Gottlieb Gassen, 1828

Woher aber kommt diese Härte gegen Goethe, wie sie uns hie und da sogar bei den ausgezeichnetsten Geistern bemerkbar worden? Vielleicht eben weil Goethe der nichts als Primus inter pares sein sollte, in der Republik der Geister zur Tyrannis gelangt ist, betrachten ihn viele große Geister mit geheimen Groll. Sie sehen in ihm sogar einen Ludwig XI., der den geistigen hohen Adel unterdrückt, indem er den geistigen Tiers état, die liebe Mittelmäßigkeit, empor hebt. Sie sehen, er schmeichelt den respektiven Korporationen der Städte, er sendet gnädige Handschreiben und Medaillen an die Lieben Getreuen, und erschafft einen Papieradel von Hochbelobten, die sich schon viel höher dünken als jene wahren Großen, die ihren Adel, eben so gut wie der König selbst, von der Gnade Gottes erhalten, oder, um whiggisch zu sprechen, von der Meinung des Volkes. Aber immerhin mag dieses geschehen. Sahen wir doch jüngst in den Fürstengrüften von Westminster, daß jene Großen, die, als sie lebten, mit den Königen haderten, dennoch im Tode in der königlichen Nähe begraben liegen: - und so wird auch Goethe nicht verhindern können, daß jene großen Geister, die er im Leben gern entfernen wollte, dennoch im Tode mit ihm zusammen kommen, und neben ihm ihren ewigen Platz finden im Westminster der deutschen Literatur.

Die brütende Stimmung unzufriedener Großen ist ansteckend und die Luft wird schwül. Das Prinzip der goetheschen Zeit, die Kunstidee, entweicht, eine neue Zeit mit einem neuen Prinzipe steigt auf, und seltsam! wie das Menzelsche Buch merken läßt, sie beginnt mit Insurrektion gegen Goethe. Vielleicht fühlt Goethe selbst, daß die schöne objektive Welt, die er durch Wort und Beispiel gestiftet hat, notwendiger Weise zusammensinkt, so wie die Kunstidee allmählig ihre Herrschaft verliert, und daß neue frische Geister von der neuen Idee der neuen Zeit hervorgetrieben werden, und gleich nordischen Barbaren, die in den Süden einbrechen, das zivilisierte Goethentum über den Haufen werfen und an dessen Stelle das Reich der wildesten Subjektivität begründen.
[...]
Wird Kunst und Altertum im Stande sein, Natur und Jugend zurückzudrängen?
Wir können nicht umhin, ausdrücklich zu bemerken, daß wir unter »Goethentum« nicht Goethes Werke verstehen, nicht jene teuern Schöpfungen, die vielleicht noch leben werden, wenn längst die deutsche Sprache schon gestorben ist, und das geknutete Deutschland in slavischer Mundart wimmert; unter jenem Ausdruck verstehen wir auch nicht eigentlich die goethesche Denkweise, diese Blume, die im Miste unserer Zeit, immer blühender gedeihen wird, und sollte auch ein glühendes Enthusiastenherz sich über ihre kalte Behaglichkeit noch so sehr ärgern; mit dem Worte »Goethentum« deuteten wir oben vielmehr auf goethesche Formen, wie wir sie bei der blöden Jüngerschar nachgeknetet finden, und auf das matte Nachpiepsen jener Weisen, die der Alte gepfiffen. Eben die Freude, die dem Alten jenes Nachkneten und Nachpiepsen gewährt, erregte unsere Klage. Der Alte! wie zahm und milde ist er geworden! Wie sehr hat er sich gebessert! würde ein Nicolaite sagen, der ihn noch in jenen wilden Jahren kannte, wo er den schwülen Werther und den Götz mit der eisernen Hand schrieb? Wie hübsch manierlich ist er geworden, wie ist ihm alle Roheit jetzt fatal, wie unangenehm berührt es ihn, wenn er an die frühere xeniale, himmelstürmende Zeit erinnert wird, oder wenn gar andere, in seine alten Fußstapfen tretend, mit demselben Übermute ihre Titanenflegeljahre austoben! Sehr treffend hat in dieser Hinsicht ein geistreicher Ausländer unseren Goethe mit einem alten Räuberhauptmann verglichen, der sich vom Handwerk zurückgezogen hat, unter den Honoratioren eines Provinzialstädtchens ein

ehrsam bürgerliches Leben führt, bis aufs Kleinlichste alle Philistertugenden zu erfüllen strebt, und in die peinlichste Verlegenheit gerät, wenn zufällig irgend ein wüster Waldgesell aus Kalabrien mit ihm zusammentrifft, und alte Kameradschaft nachsuchen möchte.

Heinrich Heine
Die deutsche Literatur von W. Menzel, 1828

Heinrich Heine
Porträt von Ludwig Emil Grimm, 1827

Das war widerwärtig, Goethe hatte Angst vor jedem selbständigen Originalschriftsteller und lob und pries alle unbedeutende Kleingeister; ja er trieb dieses so weit, daß es endlich für ein Brevet der Mittelmäßigkeit galt, von Goethe gelobt worden zu sein.

Späterhin spreche ich von den neuen Dichtern, die während der Goetheschen Kaiserzeit hervortraten. Das ist ein junger Wald, dessen Stämme erst jetzt ihre Größe zeigen, seitdem die hundertjährige Eiche gefallen ist, von deren Zweigen sie so weit überragt und überschattet wurden.

Es fehlte, wie schon gesagt, nicht an einer Opposition, die gegen Goethe, diesen großen Baum, mit Erbitterung eiferte. Menschen von den entgegengesetztesten Meinungen vereinigten sich zu solcher Opposition. Die Altgläubigen, die Orthodoxen, ärgerten sich, daß in dem Stamme des großen Baumes keine Nische mit einem Heiligenbildchen befindlich war, ja, daß sogar die nackten Dryaden des Heidentums darin ihr Hexenwesen trieben, und sie hätten gern, mit geweihter Axt, gleich dem heiligen Bonifatius, diese alte Zaubereiche niedergefällt; die Neugläubigen, die Bekenner des Liberalismus, ärgerten sich im Gegenteil, daß man diesen Baum nicht zu einem Freiheitsbaum, und am allerwenigsten zu einer Barrikade benutzen konnte. In der Tat, der Baum war zu hoch, man konnte nicht auf seinen Wipfel eine rote Mütze stecken und darunter die Carmagnole tanzen. Das große Publikum aber verehrte diesen Baum eben weil er so selbständig herrlich war, weil er so lieblich die ganze Welt mit seinem Wohlduft erfüllte, weil seine Zweige so prachtvoll bis in den Himmel ragten, so daß es aussah, als seien die Sterne nur die goldnen Früchte des großen Wunderbaums.

Heinrich Heine
Die Romantische Schule, 1836

Meine alte Prophezeiung von dem Ende der Kunstperiode, die bei der Wiege Goethes anfing und bei seinem Sarge aufhören wird, scheint ihrer Erfüllung nahe zu sein. Die jetzige Kunst muß zu Grunde gehen, weil ihr Prinzip noch im abgelebten, alten Regime, in der heiligen römischen Reichsvergangenheit wurzelt. Deshalb, wie alle welken Überreste dieser Vergangenheit, steht sie im unerquicklichsten Widerspruch mit der Gegenwart. Dieser Widerspruch und nicht die Zeitbewegung selbst ist der Kunst so schädlich; im Gegenteil, diese Zeitbewegung müßte ihr sogar gedeihlich werden, wie einst in Athen und Florenz, wo eben in den wildesten Kriegs- und Parteistürmen die Kunst ihre herrlichsten Blüten entfaltete. Freilich, jene griechischen und florentinischen Künstler führten kein egoistisch isoliertes Kunstleben, die müßig dichtende Seele hermetisch verschlossen gegen die großen Schmerzen und Freuden der Zeit; im Gegenteil, ihre Werke waren nur das träumende Spiegelbild ihrer Zeit, und sie selbst waren ganze Männer, deren Persönlichkeit ebenso gewaltig wie ihre bildende Kraft; Phidias und Michelangelo waren Männer aus einem Stück, wie ihre Bildwerke, und wie diese zu ihren griechischen und katholischen Tempeln paßten, so standen jene Künstler in heiliger Harmonie mit ihrer Umgebung; sie trennten nicht ihre Kunst von der Politik des Tages, sie arbeiteten nicht mit kümmerlicher Privatbegeisterung, die sich leicht in jeden beliebigen Stoff hineinlügt; Äschylus hat die *Perser* mit derselben Wahrheit gedichtet, womit er zu Marathon gegen sie gefochten, und Dante schrieb seine Komödie nicht als stehender Kommissionsdichter, sondern als flüchtiger Guelfe, und in Verbannung und Kriegsnot klagte er nicht über den Untergang der Freiheit.

Indessen, die neue Zeit wird auch eine neue Kunst gebären, die mit ihr selbst in begeistertem Einklang sein wird, die nicht aus der verblichenen Vergangenheit ihre Symbolik zu borgen braucht, und die sogar eine neue Technik, die von der seitherigen verschieden, hervorbringen muß. Bis dahin möge, mit Farben und Klängen, die selbsttrunkenste Subjektivität, die weltentzügelte Individualität, die gottfreie Persönlichkeit mit all ihrer Lebenslust sich geltend machen, was doch immer ersprießlicher ist, als das tote Scheinwesen der alten Kunst.

Heinrich Heine
Französische Maler, 1831

Freilich, auch Goethe besang einige große Emanzipationsgeschichten, aber er besang sie als Artist. Da er nämlich den christlichen Enthusiasmus, der ihm fatal war, verdrießlich ablehnte, und den philosophischen Enthusiasmus unserer Zeit nicht begriff, oder nicht begreifen wollte, weil er dadurch aus seiner Gemütsruhe herausgerissen zu werden fürchtete: so behandelte er den Enthusiasmus überhaupt ganz historisch, als etwas Gegebenes, als einen Stoff, der behandelt werden soll, der Geist wurde Materie unter seinen Händen, und er gab ihm die schöne gefällige Form. So wurde er der größte Künstler in unserer Literatur, und alles was er schrieb wurde ein abgerundetes Kunstwerk.

Das Beispiel des Meisters leitete die Jünger, und in Deutschland entstand dadurch jene literarische Periode, die ich einst als »die Kunstperiode« bezeichnet, und wobei ich den nachteiligen Einfluß auf die politische Entwickelung des deutschen Volkes nachgewiesen habe. Keineswegs jedoch leugnete ich bei dieser Gelegenheit den selbständigen Wert der Goetheschen Meisterwerke. Sie zieren unser teueres Vaterland, wie schöne Statuen einen Garten zieren, aber es sind Statuen. Man kann sich darin verlieben, aber sie sind unfruchtbar: die Goetheschen Dichtungen bringen nicht die Tat hervor, wie die Schillerschen. Die Tat ist das Kind des Wortes, und die Goetheschen schönen Worte sind kinderlos. Das ist der Fluch alles dessen was bloß durch die Kunst entstanden ist.

Heinrich Heine
Die Romantische Schule, 1836

Gestern Vormittags halb Zwölf Uhr starb mein geliebter Schwiegervater, der Grofsherzogl. Sächsische wirkliche Geheime-Rath und Staatsminister

JOHANN WOLFGANG VON GOETHE,

nach kurzem Krankseyn, am Stickflufs in Folge eines nervös gewordenen Katharrhalfiebers.

Geisteskräftig und liebevoll bis zum letzten Hauche, schied er von uns im drei und achtzigsten Lebensjahre.

Weimar, 23. März 1832.

OTTILIE, von GOETHE, geb. von POGWISCH,
zugleich im Namen meiner drei Kinder,
WALTHER, *WOLF* und *ALMA* von *GOETHE*.

Todesanzeige von Goethe

Les dieux s'en vont. Goethe ist tot. Er starb den 22sten März des verflossenen Jahrs, des bedeutungsvollen Jahrs, wo unsere Erde ihre größten Renommeen verloren hat. Es ist als sei der Tod in diesem Jahre plötzlich aristokratisch geworden, als habe er die Notabilitäten dieser Erde besonders auszeichnen wollen, indem er sie gleichzeitig ins Grab schickte. Vielleicht gar hat er jenseits, im Schattenreich, eine Pairie stiften wollen, und in diesem Falle wäre seine fournée sehr gut gewählt. Oder hat der Tod, im Gegenteil, im verflossenen Jahr die Demokratie zu begünstigen gesucht, indem er mit den großen Renommeen auch ihre Autoritäten vernichtete und die geistige Gleichheit beförderte? War es Respekt oder Insolenz weshalb der Tod im vorigen Jahre die Könige verschont hat? Aus Zerstreuung hatte er nach dem König von Spanien schon die Sense erhoben, aber er besann sich zur rechten Zeit und er ließ ihn leben. In dem verflossenen Jahr ist kein einziger König gestorben. Les dieux s'en vont; - aber die Könige behalten wir.

Heinrich Heine
Die Romantische Schule, 1836

Mit keinem seiner Lieblingsdichter hat sich Heine so intensiv und so produktiv auseinandergesetzt wie mit Goethe, weder mit Lessing, noch mit Cervantes oder mit Shakespeare. Zahlreiche Äußerungen in Werk, Korrespondenz und Gesprächen bezeugen die lebenslange Beschäftigung mit dem Weimarer Klassiker, von der Studenten- bis zur Spätzeit, von dem kleinen Aufsatz *Die Romantik* von 1820 bis zum Tanzpoem *Der Doktor Faust*, das 1851 auf deutsch erschien. Goethe war das entscheidende Bildungserlebnis des jungen Dichters und blieb eine ständige Herausforderung. Er war zugleich Modell vollendeten Künstlertums und Maßstab der eigenen künstlerischen Praxis. Aber er war auch Gegenmodell zu Heines Anschauung von der Rolle des modernen Schriftstellers.

Gut zehn Jahre nach der schrittweisen, nahezu vollständigen Rezeption der Goetheschen Werke und ein Jahr nach dem Tod des Olympiers ist es Heine in Buch I der *Romantischen Schule* gelungen, in einer kritisch ausgewogenen Darstellung den Grundstein zu einem progressiven Bild Goethes und zugleich der deutschen Klassik zu legen. Goethe wird 1833 zusammen als überragender Vertreter einer ganzheitlichen Weltanschauung, die eine Überwindung der neuzeitlichen Zerrissenheit bedeutet, und als vollendeter Künstler gefeiert - Vorbild einer modernen Literatur, der die Aufgabe zugefallen ist, fortschrittlichen Geist in plastische Formen zu gießen. Andererseits wird die von Goethe präsentierte und von seinen Kunstmaximen beherrschte Epoche durch den bereits 1828 geprägten Begriff der »Kunstperiode« als Gesamtphänomen sowohl historisch wie ästhetisch gerecht gewürdigt, wenn auch aus der Sicht einer neuen Epoche heraus. Protest und Widerspruch entzünden sich jedoch schließlich an der vormodernen Stellung Goethes als jahrzehntelangen Mitgliedes eines herzoglichen Hofes sowie an dem entwicklungshemmenden Einfluß seiner Universalherrschaft über die deutsche Literatur und Kultur.

Keinem seiner Lieblingsdichter stand Heine so ambivalent gegenüber wie Goethe: Keinen hat er, zumindest eine Zeitlang, so bewundert und so kritisiert, so anerkannt und so abgelehnt, kurz, so geliebt und so »gehaßt«. Sein damals neuartiges Klassiker-Bild verdankt sich nun der kontinuierlichen und konstitutiven Unterscheidung zwischen dem *modernen* Charakter der Werke und der indifferenten Haltung des *traditionellen* Intellektuellen.

Gerhard Höhn: *Heine-Handbuch*, S. 308

“Der große Heide”
Ein Brückenschlag zwischen Heine und Goethe

In die unmittelbare Nähe und Nachfolge Goethes stellt Heine sich mit seiner Parteinahme für dessen Bekenntnis, “kein Widerkrist, kein Unkrist, aber doch ein dezidirter Nichtkrist” zu sein (Brief Goethes an Lavater, 29. Juli 1782) und für die damit verbundene Haltung eines von christlichen und vor allem von kirchlichen Denkzwängen befreiten neuen Selbstbewußtseins. Die von Heine aufgegriffene Formulierung “der große Heide” wird gewissermaßen als Kompliment an Goethe zitiert und als Brücke verstanden, die in einem zentralen Bereich auf Gemeinsamkeiten und Kontinuitäten verweist.

Johann Wolfgang von Goethe
Plakette von P. J. David d'Angers, 1829

Heinrich Heine
Plakette von P. J. David d'Angers, 1834

Menzels Buch über Literatur hat viel Schönes. Die Stelle über Göthe habe ich nicht ohne Schmerzen lesen können. Ich möchte sie für keinen Preiß geschrieben haben. Wo denken Sie hin, lieber Varnhagen, Ich, Ich gegen Göthe schreiben! Wenn die Stern am Himmel mir feindlich werden, darf ich sie deßhalb schon für bloße Irrlichter erklären? Ueberhaupt ist es Dummheit gegen Männer zu sprechen, die wirklich groß sind, selbst wenn man Wahres sagen könnte. Der jetzige Gegensatz der Göthischen Denkweise, nemlich die deutsche Nazionalbeschränktheit und der seichte Pietismus sind mir ja am fatalsten. Deßhalb muß ich bei dem großen Heiden aushalten, quand même -
[...]
Gehöre ich auch zu den Unzufriedenen, so werde ich doch nie zu den Rebellen übergehen. -

Heine an Karl August Varnhagen von Ense
28. November 1827

»Der große Heide« ist nämlich der Name, den man in Deutschland dem Goethe beilegt. Doch ist dieser Name nicht ganz passend. Das Heidentum des Goethe ist wunderbar modernisiert. Seine starke Heidennatur bekundet sich in dem klaren, scharfen Auffassen aller äußeren Erscheinungen, aller Farben und Gestalten; aber das Christentum hat ihn zur gleichen Zeit mit einem tieferen Verständnis begabt, trotz seines sträubenden Widerwillens hat das Christentum ihn eingeweiht in die Geheimnisse der Geisterwelt, er hat vom Blute Christi genossen, und dadurch verstand er die verborgensten Stimmen der Natur, gleich Siegfried, dem Nibelungenheld, der plötzlich die Sprache der Vögel verstand, als ein Tropfen Blut des erschlagenen Drachen seine Lippen benetzte. Es ist merkwürdig, wie bei Goethe jene Heidennatur von unserer heutigsten Sentimentalität durchdrungen war, wie der antike Marmor so modern pulsierte, und wie er die Leiden eines jungen Werthers eben so stark mitempfand, wie die Freuden eines alten Griechengottes. Der Pantheismus des Goethe ist also von dem heidnischen sehr unterschieden. Um mich kurz auszudrücken: Goethe war der Spinoza der Poesie. Alle Gedichte Goethes sind durchdrungen von demselben Geiste, der uns auch in den Schriften des Spinoza anweht. Daß Goethe gänzlich der Lehre des Spinoza huldigte, ist keinem Zweifel unterworfen. Wenigstens beschäftigte er sich damit während seiner ganzen Lebenszeit; in dem Anfang seiner Memoiren, so wie auch in dem kürzlich erschienenen letzten Bande derselben, hat er solches freimütig bekannt. Ich weiß nicht mehr, wo ich es gelesen, daß Herder über diese beständige Beschäftigung mit Spinoza, einst übellaunig ausrief: wenn doch der Goethe einmal ein anderes lateinisches Buch als den Spinoza in die Hand nähme! Aber dieses gilt nicht bloß von Goethe; noch eine Menge seiner Freunde, die später mehr oder minder als Dichter bekannt wurden, huldigten frühzeit dem Pantheismus, und dieser blühte praktisch in der deutschen Kunst, ehe er noch als philosophische Theorie bei uns zur Herrschaft gelangte. Eben zur Zeit Fichtes, als der Idealismus im Reiche der Philosophie seine erhabenste Blütezeit feierte, ward er im Reiche der Kunst gewaltsam zerstört, und es entstand hier jene berühmte Kunstrevolution, die noch heute nicht beendigt ist, und die mit dem Kampfe der Romantiker gegen das altklassische Regime, mit den Schlegelschen Emeuten anfängt:
In der Tat, unsere ersten Romantiker handelten aus einem pantheistischen Instinkt, den sie selbst nicht begriffen. Das Gefühl, das sie für Heimweh nach der katholischen Mutterkirche hielten,war tieferen Ursprungs als sie selbst ahnten, und ihre Verehrung und Vorliebe für die Überlieferungen des Mittelalters, für dessen Volksglauben, Teufeltum, Zauberwesen, Hexerei ... alles das war eine bei ihnen plötzlich erwachte aber unbegriffene Zurückneigung nach dem Pantheismus der alten Germanen, und in der schnöde beschmutzten und boshaft verstümmelten Gestalt liebten sie eigentlich nur die vorchristliche Religion ihrer Väter. Hier muß ich erinnern an das erste Buch, wo ich gezeigt wie das Christentum die Elemente der altgermanischen Religion in sich aufgenommen, wie diese nach schmählichster Umwandlung sich im Volksglauben des Mittelalters erhalten haben, so daß der alte Naturdienst als lauter böse Zauberei, die alten Götter als lauter häßliche Teufel und ihre keuschen Priesterinnen als lauter ruchlose Hexen betrachtet wurden. Die Verirrungen unserer ersten Romantiker lassen sich von diesem Gesichtspunkte aus etwas milder beurteilen als es sonst geschieht. Sie wollten das katholische Wesen des Mittelalters restaurieren, weil sie fühlten, daß von den Heiligtümern ihrer ältesten Väter, von den Herrlichkeiten ihrer frühesten Nationalität, sich noch manches darin erhalten hat; es waren diese verstümmelten und geschändeten Reliquien, die ihr Gemüt so sympathetisch anzogen, und sie haßten den Protestantismus

und den Liberalismus, die dergleichen mitsamt der ganzen katholischen Vergangenheit zu vertilgen streben.

Doch darüber werde ich später sprechen. Hier gilt es nur zu erwähnen, daß der Pantheismus schon zur Zeit Fichtes in die deutsche Kunst eindrang, daß sogar die katholischen Romantiker unbewußt dieser Richtung folgten, und daß Goethe sie am bestimmtesten aussprach. Dieses geschieht schon im *Werther*, wo er nach einer liebseligen Identifizierung mit der Natur schmachtet. Im *Faust* sucht er ein Verhältnis mit der Natur anzuknüpfen auf einem trotzig mystischen, unmittelbaren Wege: er beschwört die geheimen Erdkräfte, durch die Zauberformeln des Höllenzwangs. Aber am reinsten und lieblichsten beurkundet sich der Goethesche Pantheismus in seinen kleinen Liedern. Die Lehre des Spinoza hat sich aus der mathematischen Hülle entpuppt und umflattert uns als Goethesches Lied. Daher die Wut unserer Orthodoxen und Pietisten gegen das Goethesche Lied. Mit ihren frommen Bärentatzen tappen sie nach diesem Schmetterling, der ihnen beständig entflattert. Das ist so zart ätherisch, so duftig beflügelt. Ihr Franzosen könnt Euch keinen Begriff davon machen, wenn Ihr die Sprache nicht kennt. Diese Goetheschen Lieder haben einen neckischen Zauber, der unbeschreibbar. Die harmonischen Verse umschlingen dein Herz wie eine zärtliche Geliebte; das Wort umarmt dich, während der Gedanke dich küßt.

Heinrich Heine
Zur Geschichte der Religion und Philosophie in Deutschland, 1834

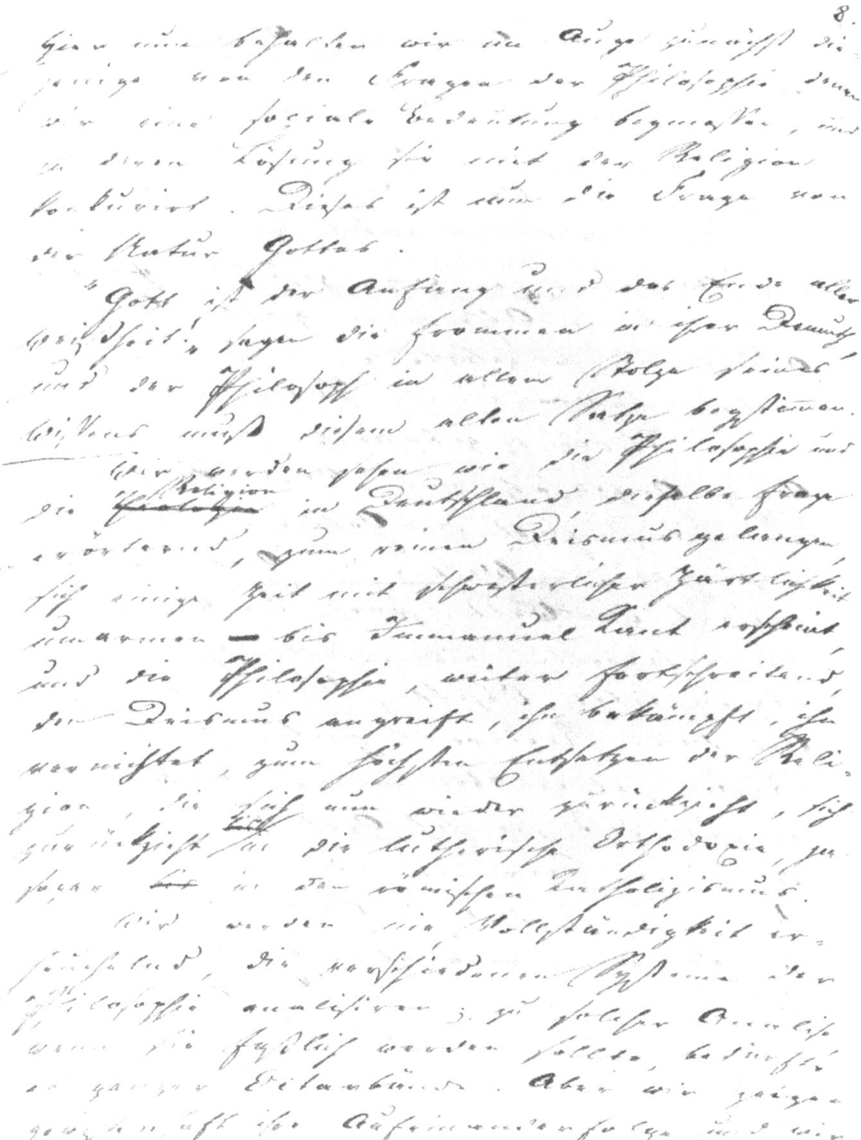
8.

Hier nun befassen wir die Augen zunächst die-
jenige von den Fragen der Philosophie, denen
wir eine soziale Bedeutung beymessen, und
zu deren Lösung sie mit der Religion
konkurrirt. Dieses ist nun die Frage von
der Natur Gottes.

"Gott ist der Anfang und das Ende aller
Weisheit," sagen die Frommen in ihrer Demuth,
und der Philosoph in allem Stolze seines
Wissens muß diesem alten Spruche beystimmen.

Wir werden sehen wie die Philosophie und
die ~~Philosophie~~ Religion in Deutschland dieselbe Frage
erörternd, zum reinen Deismus gelangen,
sich einige Zeit mit schwesterlicher Zärtlichkeit
umarmen — bis Immanuel Kant erscheint
und die Philosophie, weiter fortschreitend,
den Deismus angreift, ihn bekämpft, ihn
vernichtet, zum höchsten Entsetzen der Reli-
gion, die sich nun wieder zurückzieht, sich
zurückzieht ~~sich~~ in die lutherische Orthodoxie, zu-
flucht ~~...~~ in den römischen Katholizismus.

Wir werden die Vollständigkeit er-
heischend, die verschiedenen Systeme der
Philosophie analysiren; zu solcher Analyse
wenn sie gründlich werden sollte, bedürfte
es ganzer Bibliotheken. Aber wir zeigen
gewöhnlich ihre Aufeinanderfolge und wir

Entwurfmanuskript Heines
Zur Geschichte der Religion und Philosophie in Deutschland

Diese wenigen Andeutungen erklären nun den Groll der verschiedenen Parteien, die in Deutschland gegen Goethe laut geworden. Die Orthodoxen waren ungehalten gegen den großen Heiden, wie man Goethe allgemein in Deutschland nennt: sie fürchteten seinen Einfluß auf das Volk, dem er durch lächelnde Dichtungen, ja, durch die unscheinbarsten Liederchen, seine Weltansicht einflößte; sie sahen in ihm den gefährlichsten Feind des Kreuzes, das ihm, wie er sagte, so fatal war wie Wanzen, Knoblauch und Tabak; nämlich so ungefähr lautet die Xenie, die Goethe auszusprechen wagte, mitten in Deutschland, im Lande wo jenes Ungeziefer, der Knoblauch, der Tabak und das Kreuz, in heiliger Allianz überall herrschend sind. Just dieses war es jedoch keineswegs was uns, den Männern der Bewegung, an Goethe mißfiel. Wie schon erwähnt, wir tadelten die Unfruchtbarkeit seines Wortes, das Kunstwesen, das durch ihn in Deutschland verbreitet wurde, das einen quietisierenden Einfluß auf die deutsche Jugend ausübte, das einer politischen Regeneration unseres Vaterlandes entgegenwirkte.

Heinrich Heine
Die Romantische Schule, 1836

Vieles kann ich ertragen. Die meisten beschwerlichen Dinge
Duld' ich mit ruhigem Mut, wie es ein Gott mir gebeut.
Wenige sind mir jedoch wie Gift und Schlange zuwider;
Viere: Rauch des Tabaks, Wanzen und Knoblauch und †.

Johann Wolfgang von Goethe
Venetianische Epigramme, Nr. 66

Johann Wolfgang von Goethe
Porträt nach O.A. Kiprinsky, 1823

Goethe ist der erste dezidierte Nicht-Christ in Deutschland, der auch dadurch ganz außerordentlich auf die deutsche Bildungsgeschichte gewirkt hat. Er hat die überlieferte religiöse Sinnbestimmung ablehnend beiseite gelassen und die damit gesetzten Fragen, die nicht zu bewältigen waren, abgeschoben. Er hat das Leben aus sich heraus, weltlich und natürlich verstanden. Er hat das Innere, die "Seele", bis dahin ganz ans Christliche gebunden, in aller Tiefe und Komplexität ganz profan vor Augen gerückt, von der Religion emanzipiert - und er hat die Inhalte dieses Lebens über die Beschränkung des Christentums hinaus (ins "Heidnische") erweitert. Er hat pantheistisch die überlieferten Elemente des Gottesbildes, Personalität und Moralität, ausgeschieden; das Göttliche wird eine schaffende Kraft, deren Walten der Mensch nur ahnt, ohne ein Ganzes vor Augen zu haben. Er hat den christlich aufgeklärten Begriff "Vorsehung" zum Begriff des Schicksals säkularisiert, darin das Unfaßliche wie das "innere Gesetz" des Einzelnen, die Vollendung des menschlichen Strebens zusammenzubinden gesucht.

[...]

Er hat Ziel und Sinn des Lebens neu bestimmt, nicht mehr die Erfüllung der göttlichen (und sittlichen) Gesetze, der Pflichten und der Nächstenliebe, sondern die allseitige Entfaltung der individuellen Persönlichkeit, das Forschen, Streben und Schaffen, die nützliche Tätigkeit. Das Leben erfüllt sich im Gegenwärtigen, nicht in der Ewigkeit; Natur, Kunst und Eros (als Versöhnung im Schlußmysterium des *Faust*) gewinnen den Rang eines Letzten, Unbedingten. Das Christentum wird relativiert: es ist groß, gewiß, aber es hört auf, Schlüssel des Lebens zu sein.

[...]

Was Goethes Leben wie Werk dem Gebildeten des 19. Jahrhunderts vor Augen führte, war: die eigene wie die fremde Humanität, in aller Tiefe und mit höchstem Anspruch, ist nicht mehr christlich wie doch immer bis dahin. Das war in Wahrheit eine Revolution.

Thomas Nipperdey: *Deutsche Geschichte 1800-1866*, S. 441 f.

Heinrich Heine
Porträt von Moritz Oppenheim, 1831

"Und konnte nichts treiben als Revolutionsgeschichte"
Goethe und Heine über die französischen Revolutionen

Goethe erlebt die 1789 einsetzende Französische Revolution; Goethe und Heine sind Beobachter der Pariser Juli-Revolution 1830; Heine ist in Paris noch einmal Zeuge der Februar-Revolution 1848. Beide Autoren reagieren auf diese politischen Umwälzungen mit pointiert gegensätzlichen Positionen:

Goethe als geadelter Bürger mit starrer Ablehnung aus Angst vor den zerstörerischen Kräften der Revolution, Heine als politisch engagierter "Soldat im Befreiungskriege der Menschheit" mit enthusiastischer Begeisterung, die allerdings nach 1848 merklich abkühlt.

Erstaunlich sind dabei Ähnlichkeiten bei der bildhaften Beschreibung dieser politischen Ereignisse. Beide Autoren teilen ihre politischen Befürchtungen, beziehungsweise Hoffnungen 1830 u.a. auch demselben Adressaten mit: Karl August Varnhagen von Ense in Berlin. In Briefen an ihn interpretiert Goethe den Akademiestreit zwischen den analysierenden und den synthetisierenden Naturforschern als Vorzeichen der Revolution, während Heine analog zu einem Naturphänomen aus der Tierwelt von seinen persönlichen Vorahnungen spricht.

Landschaft mit dem Freiheitsbaum, 1792
Zeichnung von Johann Wolfgang von Goethe

Helgoland, den 1. Julius 1830.

-- Ich selber bin dieses Guerillakriegs müde und sehne mich nach Ruhe, wenigstens nach einem Zustand, wo ich mich meinen natürlichen Neigungen, meiner träumerischen Art und Weise, meinem phantastischen Sinnen und Grübeln, ganz fessellos hingeben kann. Welche Ironie des Geschickes, daß ich, der ich mich so gerne auf die Pfühle des stillen beschaulichen Gemütslebens bette, daß eben ich dazu bestimmt war, meine armen Mitdeutschen aus ihrer Behaglichkeit hervorzugeißeln, und in die Bewegung hineinzuhetzen! Ich, der ich mich am liebsten damit beschäftige, Wolkenzüge zu beobachten, metrische Wortzauber zu erklügeln, die Geheimnisse der Elementargeister zu erlauschen, und mich in die Wunderwelt alter Märchen zu versenken ... ich mußte politische Annalen herausgeben, Zeitinteressen vortragen, revolutionäre Wünsche anzetteln, die Leidenschaften aufstacheln, den armen deutschen Michel beständig an der Nase zupfen, daß er aus seinem gesunden Riesenschlaf erwache ... Freilich, ich konnte dadurch bei dem schnarchenden Giganten nur ein sanftes Niesen, keineswegs aber ein Erwachen bewirken ... Und riß ich auch heftig an seinem Kopfkissen, so rückte er es sich doch wieder zurecht mit schlaftrunkener Hand ... Einst wollte ich aus Verzweiflung seine Nachtmütze in Brand stecken, aber sie war so feucht von Gedankenschweiß, daß sie nur gelinde rauchte ... Und Michel lächelte im Schlummer ...

Heinrich Heine
Ludwig Börne, 1830

Wundersam deutet schon im Februar der Zwiespalt zweier Naturforscher auf den ungeheuren Zwiespalt des Reiches zu Ende Juli, davon uns denn die Nachrichten obruieren und unser Interesse verschlingen, da ja überdies die Folgen uns selbst zu Leibe gehn.

Goethe an Karl August Varnhagen von Ense
3. Oktober 1830

Wie es Vögel giebt die irgend eine physische Revoluzion, etwa Gewitter, Erdbeben, Ueberschwemmungen etc vorausahnen, so giebts Menschen denen die sozialen Revoluzionen sich im Gemüthe voraus ankündigen, und denen es dabey lähmend betäubend und seltsam stockend zu Muthe wird. So erkläre ich mir meinen diesjährigen Zustand bis zum Ende July. Ich befand mich frisch und gesund und konnte nichts treiben als Revoluzionsgeschichte, Tag und Nacht. Zwey Monath badete ich in Helgoland, und als die Nachricht der großen Woche dort anlangte, wars mir als verstände sich das von selbst, als sey es nur eine Fortsetzung meiner Studien. Auf dem Continente erlebte ich die hiesigen Ereignisse, die einem minder starken Herzen wohl das Schönste verleiden konnten. Nichts desto weniger, gestört von allen Seiten, unternahm ich es ein zeitbeförderndes Büchlein, aus schon alten Materialien, auf die Beine zu bringen, ich

Berlin: Unter den Linden

betitelte es *Nachträge zu den Reisebildern* ich hab es schon seit 14 Tagen nach Leipzig, wo es nemlich gedruckt wird für Hoffman & Campe, geschickt und denke daß Sie es in 3 Wochen sehen. Sie werden sich nicht täuschen lassen durch meine politische Vorrede und Nachrede, worin ich glauben mache, daß das Buch ganz von früherem Datum sey. In der ersten Hälfte sind etwa 3 Bogen schon alt; in der zweyten Hälfte, ist nur der Schlußaufsatz neu. Das Buch ist vorsätzlich so einseitig. Ich weiß sehr gut daß die Revoluzion alle sozialen Interessen umfaßt, und Adel und Kirche nicht ihre einzigen Feinde sind. Aber ich habe, zur Faßlichkeit, die letzteren als die einzig verbündeten Feinde dargestellt, damit sich der Ankampf konsolidire. Ich selbst hasse die aristocratie bourgeoise noch weit mehr. - Wenn mein Buch dazu beyträgt in Deutschland, wo man stockreligiös ist, die Gefühle in Religionsmaterien zu emanzipiren, so will ich mich freuen, und das Leid, das mir durch das Geschrey der Frommen bevorsteht, gern tragen. Ach! trage ich doch noch schlimmere Dinge.

Heine an Karl August Varnhagen von Ense
19. November 1830

Jene im Februar entstandene akadem. Streitigkeit ward freilich im Juli stark übertäubt, und auch wir kommen in eine Lage, wo es aussieht, als wenn wir auf den Kopf gestellt werden könnten, so daß die Kephalopoden, worüber jener Streit begann, uns zur schlimmen Vorbedeutung werden könnten. Es ist zwar bemerkenswert, aber nicht wunderbar, daß wir die Reprise der Tragödie von 1790 wieder erleben müssen; indessen ist es weder Wahl noch Schuld von unsrer Seite und wir wollen uns das alte Wort durate! gesagt sein lassen.

Goethe an Karl Ludwig von Knebel
12. September 1830

Verzeihe! es ist Sonntag morgens und von außen beunruhigt mich nichts; denn fast sind wir schon der neusten in der Volks- und Pöbelmasse aufgeregten Wildheiten gewohnt, auch Durchmärsche nehmen wir als bekannt an. Wundersam kommt mir freilich vor daß sich nach vierzig Jahren der alte tumultuarische Taumel wieder erneuert.
[...]
Das Pariser Erdbeben hat seine Erschütterungen durch Europa lebhaft verzweigt; ihr habt davon ja auch einen Fieberanstoß empfunden. Alle Klugheit der noch bestehenden liegt darin, daß sie die einzelnen Paroxysmen unschädlich machen, und das beschäftigt uns denn auch an allen Orten und Enden. Kommen wir darüber hinaus, so ist's wieder auf eine Weile ruhig.

Goethe an Karl Friedrich Zelter
5. Oktober 1830

"Le peuple aux Tuileries!"
Februarrevolution 1848 in Paris

Wiederholt sich der große Autor? Geht ihm die Schöpfungskraft aus? Hat er das Drama das er uns vorigen Februar zum Besten gab, nicht schon vor achtzehn Jahren ebenfalls zu Paris aufführen lassen unter dem Titel »die Juliusrevolution«? Aber ein gutes Stück kann man zweimal sehen. Jedenfalls ist es verbessert und vermehrt, und zumal der Schluß ist neu und ward mit rauschendem Beifall aufgenommen. Ich hatte einen guten Platz um der Vorstellung beizuwohnen, ich hatte gleichsam einen Sperrsitz, da die Straße, wo ich mich zufällig befand, von beiden Seiten durch Barrikaden gesperrt wurde. Nur mit knapper Not konnte man mich wieder nach meiner Behausung bringen. Gelegenheit hatte ich hier vollauf das Talent zu bewundern das die Franzosen bei dem Bau ihrer Barrikaden beurkunden. Jene hohen Bollwerke und Verschanzungen, zu deren Anfertigung die deutsche Gründlichkeit ganze Tage bedürfte, sie werden hier in einigen Minuten improvisiert, sie springen wie durch Zauber aus dem Boden hervor, und man sollte glauben die Erdgeister hätten dabei unsichtbar die Hand im Spiel. Die Franzosen sind das Volk der Geschwindigkeit. Die Heldentaten die sie in jenen Februartagen verrichteten, erfüllen uns ebenfalls mit Erstaunen, aber wir wollen uns doch nicht davon verblüffen lassen. Auch andere Leute haben Mut: der Mensch ist seiner Natur nach eine tapfere Bestie. Die Todesverachtung womit die französischen Ouvriers gefochten haben, sollte uns eigentlich nur deshalb in Verwunderung setzen, weil sie keineswegs aus einem religiösen Bewußtsein entspringt und keinen Halt findet in dem schönen Glauben an ein Jenseits, wo man den Lohn dafür bekömmt daß man hier auf Erden fürs Vaterland gestorben ist. Eben so groß wie die Tapferkeit, ich möchte auch sagen ebenso uneigennützig, war die Ehrlichkeit wodurch jene armen Leute in Kittel und Lumpen sich auszeichneten. Ja, ihre Ehrlichkeit war uneigennützig und dadurch verschieden von jener krämerhaften Berechnung, wonach durch ausdauernde Ehrlichkeit mehr Kunden und Gewinn entsteht als durch die Befriedigung diebischer Gelüste, die uns am Ende doch nicht weit fördern: ehrlich währt am längsten. Die Reichen waren nicht wenig darüber erstaunt daß die armen Hungerleider, die während drei Tagen in Paris herrschten, sich doch nie an fremdem Eigentum vergriffen. Die Reichen zitterten für ihre Geldkasten und machten große Augen als nirgends gestohlen wurde. Die Strenge, womit das Volk gegen etwelche Diebe verfuhr, die man auf der Tat ertappte, war manchen sogar nicht ganz recht, und es ward gewissen Leuten beinahe unheimlich zu Mute als sie vernahmen daß man Diebe auf der Stelle erschieße. Unter einem solchen Regimente, dachten sie, ist man am Ende doch seines Lebens nicht sicher. Zerstört ward vieles von der Volkswut, zumal im Palais-Royal und in den Tuilerien, geplündert ward nirgends. Nur Waffen nahm man wo man sie fand, und in jenen königlichen Palästen ward auch dem Volk erlaubt, die vorgefundenen Lebensmittel sich zuzueignen. Ein Junge von 15 Jahren, der in unserm Hause wohnt und sich mitgeschlagen, brachte seiner kranken Großmutter einen Topf Konfitüren mit, die er in den Tuilerien eroberte. Der kleine Held hatte nichts davon genascht und brachte den Topf unerbrochen nach Haus. Wie freute er sich daß die alte Frau die Konfitüren Ludwig Philipps, wie er sie nannte, so äußerst wohlschmeckend fand! Armer Ludwig Philipp! In so hohem Alter wieder zum Wanderstab greifen! Und in das nebelkalte England, wo die Konfitüren des Exils doppelt bitter schmecken!

Heinrich Heine
Über die Februarrevolution, 1848

Heinrich Heine
Zeichnung von Gottlieb Gassen, 1828

"Über das Amphitheater in Verona haben viele gesprochen" Heines Italienreise auf den Spuren Goethes

In der *Reise von München nach Genua* nennt Heine es schlicht "bequem", hinsichtlich der Schilderung Italiens "ein für allemal auf Goethes *Italienische Reise* hinzudeuten, um so mehr da er, bis Verona, dieselbe Tour, durch Tirol" gemacht habe. Tatsächlich war Goethe im September 1786 auf seiner Italienreise auch von München nach Verona (und von dort aus weiter-) gereist; die literarische Verarbeitung der Reisetagebücher und Briefe erschien 1816/1817.

Heine fährt also im August 1828 nicht nur auf den Spuren Goethes bis Verona, sondern schreibt auch gegen eine Tradition von Reiseliteratur an, die mit Goethes *Italienischer Reise* um einen weiteren herausfordernden und herausragenden Beitrag ergänzt worden war.

Die Reisestation Verona ist bei Goethe wie bei Heine vor allem auf das Amphitheater konzentriert. Während Goethe bei seinen Betrachtungen fasziniert ist von den volks-"bildenden " Kräften der antiken Architektur, nutzt Heine die Szenerie des Theaters als Auslöser für literarisch-phantastische Umspielungen der "Idee Rom" und für freundlich-ironisierende Verlebendigungen weltgeschichtlich bedeutender Römer.

Gästebucheintrag Heines
von der italienischen Reise

Johann Wolfgang von Goethe
Radierung von Simon Dittrich, 1995

Verona, den 16. September.

Das Amphitheater ist also das erste bedeutende Monument der alten Zeit, das ich sehe, und so gut erhalten! Als ich hineintrat, mehr noch aber, als ich oben auf dem Rande umherging, schien es mir seltsam, etwas Großes und doch eigentlich nichts zu sehen. Auch will es leer nicht gesehen sein, sondern ganz voll von Menschen, wie man es neuerer Zeit Joseph dem Zweiten und Pius dem Sechsten zu Ehren veranstaltet. Der Kaiser, der doch auch Menschenmassen vor Augen gewohnt war, soll darüber erstaunt sein. Doch nur in der frühestens Zeit tat es seine ganze Wirkung, da das Volk noch mehr Volk war, als es jetzt ist. Denn eigentlich ist so ein Amphitheater recht gemacht, dem Volk mit sich selbst zu imponieren, das Volk mit sich selbst zum besten zu haben.

Wenn irgend etwas Schauwürdiges auf flacher Erde vorgeht und alles zuläuft, suchen die Hintersten auf alle mögliche Weise sich über die Vordersten zu erheben: man tritt auf Bänke, rollt Fässer herbei, fährt mit Wagen heran, legt Bretter hinüber und herüber, besetzt einen benachbarten Hügel, und es bildet sich in der Geschwindigkeit ein Krater. Kommt das Schauspiel öfter auf derselben Stelle vor, so baut man leichte Gerüste für die, so bezahlen können, und die übrige Masse behilft sich, wie sie mag. Dieses allgemeine Bedürfnis zu befriedigen, ist hier die Aufgabe des Architekten. Er bereitet einen solchen Krater durch Kunst, so einfach als nur möglich, damit dessen Zierat das Volk selbst werde. Wenn es sich so beisammen sah, mußte es über sich selbst erstaunen; denn da es sonst nur gewohnt, sich durcheinander laufen zu sehen, sich in einem Gewühle ohne Ordnung und sonderliche Zucht zu finden, so sieht das vielköpfige, vielsinnige, schwankende, hin und her irrende Tier sich zu einem edlen Körper vereinigt, zu einer Einheit bestimmt, in eine Masse verbunden und befestigt, als eine Gestalt, von e i n e m Geiste belebt. Die Simplizität des Oval ist jedem Auge auf die angenehmste Weise fühlbar, und jeder Kopf dient zum Maße, wie ungeheuer das Ganze sei. Jetzt, wenn man es leer sieht, hat man keinen Maßstab, man weiß nicht, ob es groß oder klein ist.

Wegen der Unterhaltung dieses Werks müssen die Veroneser gelobt werden. Es ist von einem rötlichen Marmor gebaut, den die Witterung angreift, daher stellt man der Reihe nach die ausgefressenen Stufen immer wieder her, und sie scheinen fast alle ganz neu. Eine Inschrift gedenkt eines Hieronymus Maurigenus und seines auf dieses Monument verwendeten unglaublichen Fleißes. Von der äußern Mauer steht nur ein Stück, und ich zweifele, ob sie je ganz fertig geworden. Die untern Gewölbe, die an den großen Platz, il Brà genannt, stoßen, sind an Handwerker vermietet, und es sieht lustig genug aus, diese Höhlungen wieder belebt zu sehen.
[...]
Ich ging auf der Kante des amphitheatralischen Kraters bei Sonnenuntergang, der schönsten Aussicht genießend über Stadt und Gegend. Ich war ganz allein, und unten auf den breiten Steinen des Brà gingen Mengen von Menschen: Männer von allen Ständen, Weiber vom Mittelstande spazieren. Diese letztern nehmen sich in ihren schwarzen Überkleidern aus dieser Vogelperspektive gar mumienhaft aus.

Johann Wolfgang von Goethe
Italienische Reise

Heine in der Campagna
von Günter Schöllkopf, 1975
Parodie auf das bekannte Tischbein-Gemälde
Goethe in der Campagna

Goethe in der römischen Campagna
Gemälde von J. H. W. Tischbein, 1786/88
Poster

Über das Amphitheater von Verona haben viele gesprochen; man hat dort Platz genug zu Betrachtungen, und es gibt keine Betrachtungen, die sich nicht in den Kreis dieses berühmten Bauwerks einfangen ließen. Es ist ganz in jenem ernsten, tatsächlichen Stil gebaut, dessen Schönheit in der vollendeten Solidität besteht und, wie alle öffentlichen Gebäude der Römer, einen Geist ausspricht, der nichts anders ist als der Geist von Rom selbst. Und Rom? Wer ist so gesund unwissend, daß nicht heimlich bei diesem Namen sein Herz erbebte, und nicht wenigstens eine traditionelle Furcht seine Denkkraft aufrüttelte? Was mich betrifft, so gestehe ich, daß mein Gefühl mehr Angst als Freude enthielt, wenn ich daran dachte, bald umherzuwandeln auf dem Boden der alten Roma. Die alte Roma ist ja jetzt tot, beschwichtigte ich die zagende Seele, und du hast die Freude, ihre schöne Leiche ganz ohne Gefahr zu betrachten. Aber dann stieg wieder das Falstaffsche Bedenken in mir auf: wenn sie aber doch nicht ganz tot wäre, und sich nur verstellt hätte, und sie stände plötzlich wieder auf - es wäre entetzlich!

Als ich das Amphitheater besuchte, wurde just Komödie darin gespielt; eine kleine Holzbude war nämlich in der Mitte errichtet, darauf ward eine italienische Posse aufgeführt, und die Zuschauer saßen unter freiem Himmel, teils auf kleinen Stühlchen, teils auf den hohen Steinbänken des alten Amphitheaters. Da saß ich nun und sah Brighellas und Tartaglias Spiegelfechtereien auf derselben Stelle, wo der Römer einst saß und seinen Gladiatoren und Tierhetzen zusah. Der Himmel über mir, die blaue Kristallschale, war noch derselbe wie damals. Es dunkelte allmählig, die Sterne schimmerten hervor, Truffaldino lachte, Smeraldina jammerte, endlich kam Pantalone und legte ihre Hände in einander. Das Volk klatschte Beifall und zog jubelnd von dannen. Das ganze Spiel hatte keinen Tropfen Blut gekostet. Es war aber nur ein Spiel. Die Spiele der Römer hingegen waren keine Spiele, diese Männer konnten sich nimmermehr am bloßen Schein ergötzen, es fehlte ihnen dazu die kindliche Seelenheiterkeit, und ernsthaft wie sie waren, zeigte sich auch in ihren Spielen der barste, blutige Ernst. Sie waren keine großen Menschen, aber durch ihre Stellung waren sie größer als andre Erdenkinder, denn sie standen auf Rom. So wie sie von den sieben Hügeln herabstiegen, waren sie klein. Daher die Kleinlichkeit, die wir da entdecken, wo ihr Privatleben sich ausspricht; und Herkulanum und Pompeji, jene Palimpsesten der Natur, wo jetzt wieder der alte Steintext hervorgegraben wird, zeigen dem Reisenden das römische Privatleben in kleinen Häuschen mit winzigen Stübchen, welche so auffallend kontrastieren gegen jene kolossalen Bauwerke, die das öffentliche Leben aussprachen, jene Theater, Wasserleitungen, Brunnen, Landstraßen, Brücken, deren Ruinen noch jetzt unser Staunen erregen. Aber das ist es ja eben; wie der Grieche groß ist durch die Idee der Kunst, der Hebräer durch die Idee eines heiligsten Gottes, so sind die Römer groß durch die Idee ihrer ewigen Roma, groß überall wo sie in der Begeisterung dieser Idee gefochten, geschrieben und gebaut haben. Je größer Rom wurde, je mehr erweiterte sich diese Idee, der Einzelne verlor sich darin, die Großen, die noch hervorragen, sind nur getragen von dieser Idee, und sie macht die Kleinheit der Kleinen noch bemerkbarer. Die Römer sind deshalb zugleich die größten Helden und die größten Satiriker gewesen, Helden wenn sie handelten, während sie an Rom dachten, Satiriker wenn sie an Rom dachten, während sie die Handlungen ihrer Genossen beurteilten. Gemessen mit solchem ungeheuren Maßstab der Idee Rom, mußte selbst die größte Persönlichkeit zwerghaft erscheinen und somit der Spottsucht anheim fallen. Tacitus ist der grausamste Meister in dieser Satire, eben weil er die Größe Roms und die Kleinheit der Menschen am tiefsten

Heine, Goethe, Aretino und Rahel Varnhagen in Italien
von Günter Schöllkopf, 1975

fühlte. Recht in seinem Element ist er jedesmal, wenn er berichten kann, was die maliziösen Zungen auf dem Forum über irgend eine imperiale Schandtat räsonierten; recht ingrimmig glücklich ist er, wenn er irgend eine senatorische Blamage, etwa eine verfehlte Schmeichelei, zu erzählen hat.

Ich ging noch lange umher spazieren auf den höheren Bänken des Amphitheaters, zurücksinnend in die Vergangenheit. Wie alle Gebäude im Abendlichte ihren inwohnenden Geist am anschaulichsten offenbaren, so sprachen auch diese Mauern zu mir, in ihrem fragmentarischen Lapidarstil, tiefernste Dinge; sie sprachen von den Männern des alten Roms, und mir war dabei, als sähe ich sie selber umher wandeln, weiße Schatten unter mir im dunkeln Zirkus. Mir war, als sähe ich die Gracchen mit ihren begeisterten Märtyreraugen. »Tiberius Sempronius« rief ich hinab, »ich werde mit dir stimmen für das agrarische Gesetz!« Auch Cäsar sah ich, Arm in Arm wandelte er mit Marcus Brutus. - »Seid Ihr wieder versöhnt?« rief ich. »Wir glaubten beide Recht zu haben«, lachte Cäsar zu mir herauf, »ich wußte nicht, daß es noch einen Römer gab, und hielt mich deshalb für berechtigt, Rom in die Tasche zu stecken, und weil mein Sohn Marcus eben dieser Römer war, so glaubte er sich berechtigt, mich deshalb umzubringen.« Hinter diesen beiden schlich Tiberius Nero mit Nebelbeinen und unbestimmten Mienen. Auch Weiber sah ich dort wandeln, darunter Agrippina mit ihrem schönen herrschsüchtigen Gesichte, das wundersam rührend anzusehen war, wie ein altes Marmorbild, in dessen Zügen der Schmerz wie versteinert erscheint. »Wen suchst du, Tochter des Germanicus?« Schon hörte ich sie klagen - da plötzlich erscholl das dumpfsinnige Geläute einer Betglocke und das fatale Getrommel des Zapfenstreichs. Die stolzen römischen Geister verschwanden, und ich war wieder ganz in der christlich östreichischen Gegenwart.

Heinrich Heine
Reise von München nach Genua, 1829

Heine in Italien
von Günter Schöllkopf, 1975

»Kennst Du das Land wo die Zitronen blühen?«

Kennst du das Lied? Ganz Italien ist darin geschildert, aber mit den seufzenden Farben der Sehnsucht. In der *Italienischen Reise* hat es Goethe etwas ausführlicher besungen, und wo er malt, hat er das Original immer vor Augen, und man kann sich auf die Treue der Umrisse und der Farbengebung ganz verlassen. Ich finde es daher bequem, hier ein für allemal auf Goethes *Italienische Reise* hinzudeuten, um so mehr da er , bis Verona, dieselbe Tour, durch Tirol, gemacht hat. Ich habe schon früherhin über jenes Buch gesprochen, ehe ich den Stoff, den es behandelt, gekannt habe, und ich finde jetzt mein ahnendes Urteil vollauf bestätigt. Wir schauen nämlich darin überall tatsächliche Auffassung und die Ruhe der Natur. Goethe hält ihr den Spiegel vor, oder, besser gesagt, er ist selbst der Spiegel der Natur. Die Natur wollte wissen, wie sie aussieht, und sie erschuf Goethe. Sogar die Gedanken, die Intentionen der Natur vermag er uns widerzuspiegeln und es ist einem hitzigen Goethianer, zumal in den Hundstagen, nicht zu verargen, wenn er über die Identität der Spiegelbilder mit den Objekten selbst so sehr erstaunt, daß er dem Spiegel sogar Schöpfungskraft, die Kraft, ähnliche Objekte zu erschaffen, zutraut. Ein Herr Eckermann hat mal ein Buch über Goethe geschrieben, worin er ganz ernsthaft versichert: hätte der liebe Gott bei Erschaffung der Welt zu Goethe gesagt: »Lieber Goethe, ich bin jetzt gottlob fertig, ich habe jetzt alles erschaffen, bis auf die Vögel und die Bäume, und du tätest mir eine Liebe, wenn du statt meiner diese Bagatellen noch erschaffen wolltest« - so würde Goethe, eben so gut wie der liebe Gott, diese Tiere und Gewächse ganz im Geiste der übrigen Schöpfung, nämlich die Vögel mit Federn, und die Bäume grün erschaffen haben.

Es liegt Wahrheit in diesen Worten, und ich bin sogar der Meinung, daß Goethe manchmal seine Sache noch besser gemacht hätte, als der liebe Gott selbst, und daß er z.B. den Herrn Eckermann viel richtiger ebenfalls mit Federn und grün erschaffen hätte. Es ist wirklich ein Schöpfungsfehler, daß auf dem Kopfe des Herrn Eckermann keine grüne Federn wachsen, und Goethe hat diesem Mangel wenigstens dadurch abzuhelfen gesucht, daß er ihm einen Doktorhut aus Jena verschrieben und eigenhändig aufgesetzt hat.

Heinrich Heine
Reise von München nach Genua, 1829

Es kommt Heine darauf an, seine eigene Perspektive als eine in der römischen Tradition des politischen Ernstes stehende auszuweisen, wie er diejenige Goethes zu einer des schönen Scheins und der ästhetischen Mimesis erklärt. Dazu preist er in einer historisierenden Stufenfolge die Künste der Völker: Die Griechen sind groß durch ihre Idee der Kunst, die Hebräer durch ihre Idee eines heiligen Gottes, die Römer aber durch ihre politische Idee des ewigen Rom. »Ideen«, für die »mit Begeisterung gefochten« werden kann, machten also die Völker groß. Goethe reiht sich in diese Abfolge der Kunstkonzepte und der Völker als »Grieche« ein, Heine als »Römer«. Der einzelne Römer, so klein er sein mag, steht auf den Schultern dieser Idee »Rom« und kann die Kleinheit des Kleinen erkennen, wie der Betrachter vom Rande der Arena hinabblickt auf die Fußgänger der Piazza.
[...]
Die beiden Arena-Beschreibungen sind also unter dem Aspekt der produktiven Auseinandersetzung Heines mit Goethe zu sehen. Mit keinem Wort wird Goethe selbst erwähnt, allein in der Anspielung auf dessen *Römische Elegie* ist er anwesend. Und das nur, um an die Stelle der elegischen und kunstbetrachtenden, philosophischen Beschreibung die revolutionäre, ideengeleitete, träumerische Sicht der römischen Republik zu setzen.

Die Kontrastierung läuft implizit, als mögliche »esoterische« Leseweise ab: Gegen den Griechen und die klassische Kunstidee der Mimesis tritt an der Römer und der politisch-satirische Ideenschriftsteller. Wo jener beobachtet und Betrachtungen anstellt, träumt sich dieser zurück in die Vergangenheit, um Orientierung für die Gegenwart zu finden. Wo jener die realen Menschen auf der Piazza beobachtet oder bei Sportveranstaltungen in klassische Plastiken verwandelt sieht, ruft dieser die historischen Repräsentanten politischer Ideen herauf. Goethe stimmt für den Marmor, in dem die stilvollen Stellungen der Sportler nachgebildet werden könnten, Heine für das agrarische Gesetz des Tiberius Sempronius Gracchus.

Im Verlauf der Heineschen *Reisebilder* erscheint Goethe also in ganz unterschiedlicher Weise, als »genius loci« sozusagen, der schon zuvor die italienischen Stätten besuchte und beschrieb, und als »genius scriptionis«, der Spuren in Form von Zitaten, Bildern, literarischen Figuren im Werke des Nach-Reisenden hinterlässt.

Karlheinz Fingerhut: *Goethe-Reminiszenzen,* S. 63 u. 65

Der Doktor Faust.

Ein

Tanzpoem,

nebst

kuriosen Berichten über Teufel, Hexen und Dichtkunst

von

Heinrich Heine.

Hamburg.

Hoffmann und Campe.

1851.

Titelblatt der Erstausgabe

"Faust, die weltliche Bibel der Deutschen"
Heines *Doktor Faust* als Gegenstück zu Goethes *Faust*

Es ist schon erstaunlich, daß Goethe wie kein anderer Dichter sonst in einer ungeahnten Fülle von Anmerkungen, Anspielungen, Zitaten und Parodien in den Schriften Heines präsent ist. Während auf die als Vorbilder ausdrücklich gerühmten Namen von Cervantes, Shakespeare oder Lessing nur vergleichsweise wenige Bemerkungen entfallen, nimmt Goethe, der nie als Vorbild genannt wird, eine Spitzenstelle ein. Das ist zunächst ein Beleg für die Belesenheit Heines, der bis zu seiner Übersiedelung nach Frankreich 1831 die meisten Schriften Goethes gelesen haben dürfte. Darüber hinaus sind die häufigen Erwähnungen Goethes natürlich auch ein Hinweis auf die Herausforderung, die dieser Autor für seine eigene Schriftstellerkarriere bedeutete. Während Heine speziell in der *Romantischen Schule* die gegensätzlichen poetologischen Positionen essayistisch herausarbeitet, kulminiert seine literarische Auseinandersetzung mit Goethe im Ballett *Doktor Faust*, das 1846/47, "rivalisierend mit dem großen Wolfgang Goethe", bewußt als Gegenentwurf zum großen Goethe-Werk entsteht.

In Heines *Doktor Faust* wird Mephisto zur weiblichen Teufelsgestalt Mephistophela, die in ihrer Doppelnatur von erotischer Sinnlichkeit und zerstörerischer Verführungskraft aus volkstümlichen Traditionen hergeleitetet wird. Den Kern seiner ausdrücklich an den Volksbüchern orientierten Fassung der Faustsage definiert Heine selbst in den *Erläuterungen* als "Revolte der realistischen, sensualistischen Lebenslust gegen die spiritualistisch altkatholische Askese".

William Shakespeare

Miguel Cervantes de Saavedra

Gotthold Ephraim Lessing

Folgende Seite: Goethe-Erwähnungen im Register der Düsseldorfer Heine-Ausgabe, 1997

Auf verschiedenen deutschen Universtäten wurde ein Kollegium über Goethe gelesen, und von allen seinen Werken war es vorzüglich der *Faust* womit sich das Publikum beschäftigte. Er wurde vielfach fortgesetzt und kommentiert, er ward die weltliche Bibel der Deutschen.

Ich wäre kein Deutscher, wenn ich bei Erwähnung des *Faustes* nicht einige erklärende Gedanken darüber ausspräche. Denn vom größten Denker bis zum kleinsten Markör, vom Philosophen bis herab zum Doktor der Philosophie, übt jeder seinen Scharfsinn an diesem Buche. Aber es ist wirklich eben soweit wie die Bibel, und, wie diese, umfaßt es Himmel und Erde, mitsamt dem Menschen und seiner Exegese. Der Stoff ist hier wieder der Hauptgrund weshalb der *Faust* so populär ist; daß er jedoch diesen Stoff herausgesucht aus den Volkssagen, das zeugt eben von Goethes unbewußtem Tiefsinn, von seinem Genie, das immer das Nächste und Rechte zu ergreifen wußte. Ich darf den Inhalt des *Faust* als bekannt voraussetzen; denn das Buch ist in der letzten Zeit auch in Frankreich berühmt geworden. Aber ich weiß nicht ob hier die alte Volkssage selbst bekannt ist, ob auch hier zu Land, auf den Jahrmärkten, ein graues, fließpapiernes, schlechtgedrucktes und mit derben Holzschnitten verziertes Buch verkauft wird, worin umständlich zu lesen ist: wie der Erzzauberer Johannes Faustus, ein gelehrter Doktor, der alle Wissenschaften studiert hatte, am Ende seine Bücher weg warf, und ein Bündnis mit dem Teufel schloß, wodurch er alle sinnlichen Freuden der Erde genießen konnte, aber auch seine Seele dem höllischen Verderben hingeben mußte. Das Volk im Mittelalter hat immer, wenn es irgendwo große Geistesmacht sah, dergleichen einem Teufelsbündnis zugeschrieben, und der Albertus Magnus, Raimund Lullus, Theophrastus Paracelsus, Agrippa von Nettesheim, auch in England der Roger Baco, galten für Zauberer, Schwarzkünstler, Teufelsbanner. Aber weit eigentümlichere Dinge singt und sagt man von dem Doktor Faustus, welcher nicht bloß die Erkenntnis der Dinge sondern auch die reellsten Genüsse vom Teufel verlangt hat, und das ist eben der Faust, der die Buchdruckerei erfunden und zur Zeit lebte, wo man anfing, gegen die strenge Kirchenautorität zu predigen und selbständig zu forschen: - so daß mit Faust die mittelalterliche Glaubensperiode aufhört und die moderne kritische Wissenschaftsperiode anfängt. Es ist, in der Tat, sehr bedeutsam, daß zur Zeit, wo, nach der Volksmeinung, der Faust gelebt hat, eben die Reformation beginnt, und daß er selber, die Kunst erfunden haben soll, die dem Wissen einen Sieg über den Glauben verschafft, nämlich die Buchdruckerei, eine Kunst die uns aber auch die katholische Gemütsruhe geraubt und uns in Zweifel und Revolutionen gestürzt - ein anderer als ich würde sagen, endlich in die Gewalt des Teufels geliefert hat. Aber nein, das Wissen, die Erkenntnis der Dinge durch die Vernunft, die Wissenschaft, gibt uns endlich die Genüsse, um die uns der Glaube, das katholische Christentum, so lange geprellt hat; wir erkennen, daß die Menschen nicht bloß zu einer himmlichen, sondern auch zu einer irdischen Gleichheit berufen sind; die politische Brüderschaft, die uns von der Philosophie gepredigt wird, ist uns wohltätiger als die rein geistige Brüderschaft, wozu uns das Christentum verholfen; und das Wissen wird Wort, und das Wort wird Tat, und wir können noch bei Lebzeiten auf dieser Erde selig werden; - wenn wir dann noch obendrein der himmlischen Seligkeit, die uns das Christentum so bestimmt verspricht, nach dem Tode teilhaftig werden, so soll uns das sehr lieb sein.

Das hat nun längst schon das deutsche Volk tiefsinnig geahnt: denn das deutsche Volk ist selber jener gelehrte Doktor Faust, es ist selber jener Spiritualist, der mit dem Geiste endlich die Ungenügbarkeit des Geistes begriffen und nach materiellen Genüssen verlangt, und dem Fleische seine Rechte wiedergibt; - doch noch befangen in der Symbolik der katholischen Poesie, wo Gott als der Repräsentant des Geistes und der Teufel als der Repräsentant des Fleisches gilt, bezeichnete man jene Rehabilitation des Fleisches als einen Abfall von Gott, als ein Bündnis mit dem Teufel.

Heinrich Heine
Die Romantische Schule, 1836

CHORUS MYSTICUS.

Alles Vergängliche
Ist nur ein Gleichnis;
Das Unzulängliche,
Hier wird's Ereignis;
Das Unbeschreibliche,
Hier ist es getan;
Das Ewig-Weibliche
Zieht uns hinan.

FINIS.

Johann Wolfgang von Goethe
Schlußverse aus *Faust II*

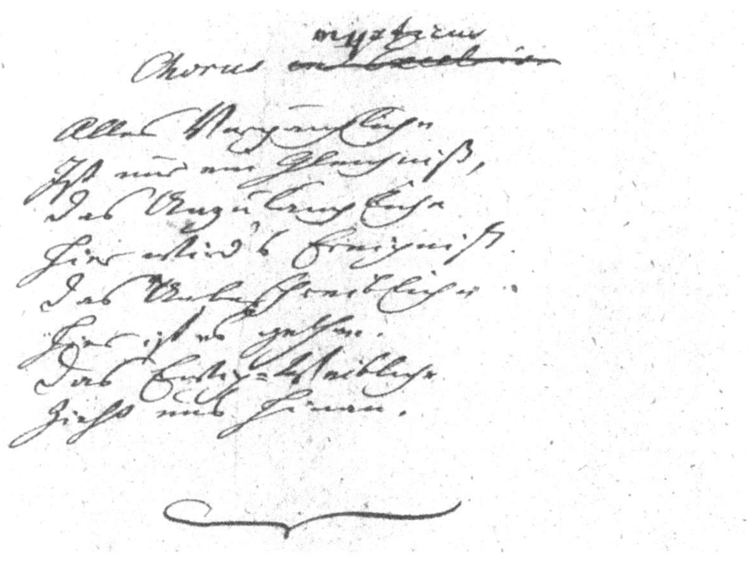

Goethes Handschrift des "Chorus mysticus"
aus *Faust II*

Studien

zu

Goethe's Faust

von

Eduard Meyer.

Altona 1847.

Verlag von Joh. Fr. Hammerich.

Studien zu Goethes *Faust*
Exemplar aus Heines Nachlaßbibliothek

Während aber das sämtliche Publikum im tollsten Wirbel sich umherdreht, hat Faust sich der Bürgermeisterstochter genaht, und bezaubert von ihrer reinen Natürlichkeit, Zucht und Schöne, erklärt er ihr seine Liebe, und mit wehmütigen, fast schüchternen Gebärden nach der Kirche deutend, wirbt er um ihre Hand. Auch bei den Eltern, die sich keuchend wieder auf ihre Bank niederlassen, wiederholt er seine Werbung; jene sind mit dem Antrag zufrieden, und auch die naive Schöne gibt endlich ihre verschämte Zustimmung. Letztere und Faust werden jetzt mit Blumensträußen geschmückt und tanzen als Braut und Bräutigam ihre sittsam bürgerlichen Hymeneen. Der Doktor hat endlich im bescheiden süßen Stilleben das Hausglück gefunden, welches die Seele befriedigt. Vergessen sind die Zweifel und die schwärmerischen Schmerzensgenüsse des Hochmutgeistes, und er strahlt vor innerer Beseligung, wie der vergoldete Hahn eines Kirchturms.

Es bildet sich der Brautzug mit hochzeitlichem Gepränge, und derselbe ist schon auf dem Wege zur Kirche, als Mephistophela plötzlich mit hohnlachenden Gebärden vor den Bräutigam tritt und ihn seinen idyllischen Gefühlen entreißt; sie scheint ihm zu befehlen ihr unverzüglich von hinnen zu folgen. Faust widersetzt sich mit hervorbrechendem Zorn, und die Zuschauer sind bestürzt über diese Szene. Doch noch größerer Schrecken erfaßt sie, als plötzlich, auf Mephistophelas Beschwörung, ein nächtliches Dunkel und das schrecklichste Gewitter hereinbricht. Sie fliehen angstvoll und flüchten sich in die nahe Kirche, wo eine Glocke zu läuten und eine Orgel zu rauschen beginnen, ein frommes Gedröhne, welches mit dem blitzenden und donnernden Höllenspektakel auf der Szene kontrastiert. Auch Faust hat sich wie die andern in den Schoß der Kirche flüchten wollen, aber eine große schwarze Hand, die aus dem Boden hervorgriff, hat ihn zurückgehalten, während Mephistophela, mit boshaft triumphierender Miene, aus ihrem Mieder das Pergamentblatt hervorzieht, das der Doktor einst mit seinem Blute unterzeichnet hat; sie zeigt ihm, daß die Zeit des Kontraktes verflossen sei und Leib und Seele jetzt der Hölle gehöre. Vergebens macht Faust allerlei Einwendungen, vergebens legt er sich zuletzt aufs Jammern und Bitten - das Teufelsweib umtänzelt ihn mit allen Grimassen der Verhöhnung. Es öffnet sich der Boden, und es treten hervor die greuelhaften Höllenfürsten, die gekrönten und szeptertragenden Ungetüme. In jubelnder Ronde verspotten sie ebenfalls den armen Doktor, den Mephistophela, die endlich sich in eine gräßliche Schlange verwandelt hat, mit wilder Umschlingung erdrosselt. Die ganze Gruppe versinkt unter Flammengeprassel in die Erde, während das Glockengeläute und die Orgelklänge, die vom Dome her ertönen, zu frommen, christlichen Gebeten auffordern.

Heinrich Heine
Der Doktor Faust, Schluß des 5. Aktes

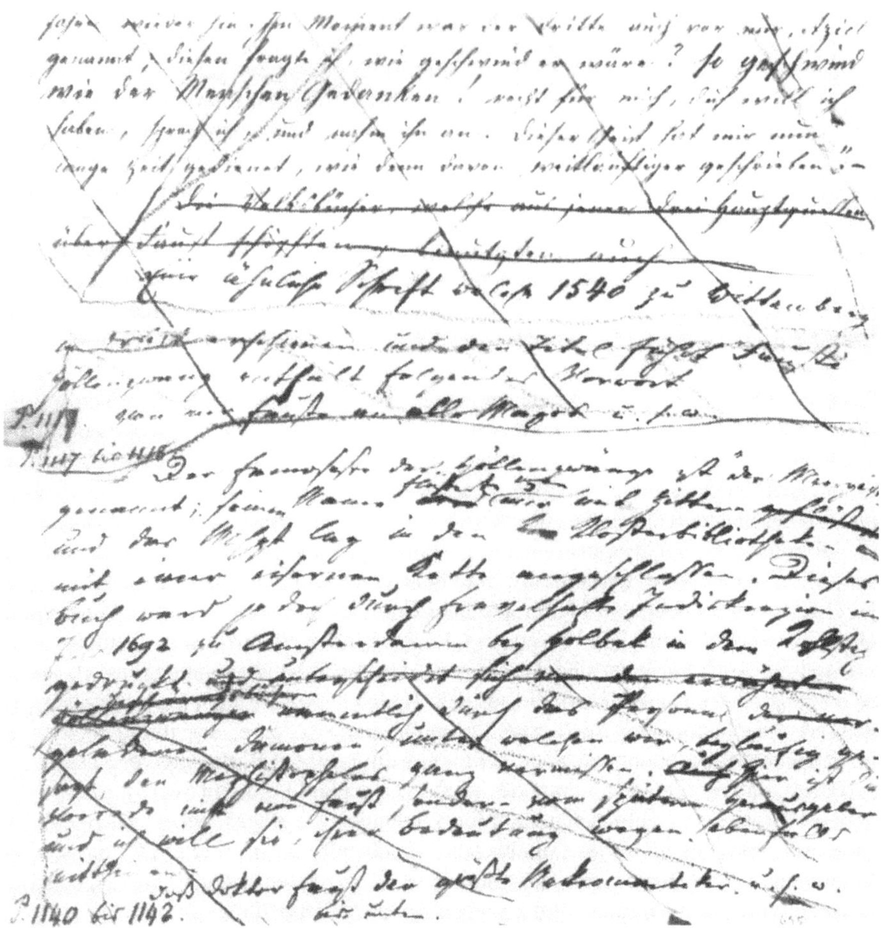

Doktor Faust: Schreiberabschrift mit
Heines eigenhändigen Ergänzungen

Ihr Entschluß, an den *Faust* zu gehen, ist mir in der Tat überraschend, besonders jetzt, da Sie sich zu einer Reise nach Italien gürten. Aber ich hab' es einmal für immer aufgegeben, Sie mit der gewöhnlichen Logik zu messen, und bin also im voraus überzeugt, daß Ihr Genius sich vollkommen gut aus der Sache ziehen wird. - Ihre Aufforderung an mich, Ihnen meine Erwartungen und Desideria mitzuteilen, ist nicht leicht zu erfüllen. Aber soviel ich kann, will ich Ihren Faden aufzufinden suchen, und wenn auch das nicht geht, so will ich mir einbilden, als ob ich die Fragmente von *Faust* zufällig fände und solche auszuführen hätte. So viel bemerke ich hier nur, daß der *Faust* (das Stück nämlich) bei aller seiner dichterischen Individualität die Forderung an eine symbolische Bedeutsamkeit nicht ganz von sich weisen kann, wie auch wahrscheinlich Ihre eigne Idee ist. Die Duplizität der menschlichen Natur und das verunglückte Bestreben, das Göttliche und Physische im Menschen zu vereinigen, verliert man nicht aus den Augen; und weil die Fabel ins Grelle und Formlose geht und gehen muß, so will man nicht bei dem Gegenstand stille stehen, sondern von ihm zu Ideen geleitet werden. Kurz, die Anforderungen an den *Faust* sind zugleich philosophisch und poetisch, und Sie mögen sich wenden, wie Sie wollen, so wird Ihnen die Natur des Gegenstandes eine philosophische Behandlung auflegen, und die Einbildungskraft wird sich zum Dienst einer Vernunftidee bequemen müssen. -
Aber ich sage Ihnen damit schwerlich etwas Neues, denn Sie haben diese Forderung in dem, was bereits da ist, schon in hohem Grade zu befriedigen angefangen.

Schiller an Goethe
über den *Faust*
23. Juni 1797

Den *Faust* habe ich nun wieder gelesen, und mir schwindelt ordentlich vor der Auflösung. Dies ist indes sehr natürlich, denn die Sache beruht auf einer Anschauung, und so lang man die nicht hat, muß ein selbst nicht so reicher Stoff den Verstand in Verlegenheit setzen. Was mich daran ängstigt, ist, daß mir der *Faust* seiner Anlage nach auch eine Totalität der Materie nach zu erfordern scheint, wenn am Ende die Idee ausgeführt erscheinen soll, und für eine so hoch aufquellende Masse finde ich keinen poetischen Reif, der sie zusammenhält. Nun, Sie werden sich schon zu helfen wissen. - Zum Beispiel: Es gehörte sich meines Bedünkens, daß der Faust in das handelnde Leben geführt würde, und welches Stück Sie auch aus dieser Masse erwählen, so scheint es mir immer durch seine Natur eine zu große Umständlichkeit und Breite zu erfordern ... Verstand und Vernunft scheinen mir bei diesem Stoff auf Tod und Leben miteinander zu ringen ... Der Teufel behält durch seinen Realism vor dem Verstand, und der Faust vor dem Herzen recht. Zuweilen aber scheinen sie ihre Rollen zu tauschen, und der Teufel nimmt die Vernunft gegen den Faust in Schutz ... Ich bin überhaupt sehr erwartend, wie die Volksfabel sich dem philosophischen Teil des Ganzen anschmiegen wird.

Schiller an Goethe
über den *Faust*
26. Juni 1797

Ideales Streben nach Einwirken und Einfühlen in die ganze Natur.
Erscheinung des Geistes als Welt- und Taten-Genius.
Streit zwischen Form und Formlosen.
Vorzug dem formlosen Gehalt vor der leeren Form.
Gehalt bringt die Form mit, Form ist nie ohne Gehalt.
Diese Widersprüche, statt sie zu vereinigen, disparater zu machen.
Helles, kaltes wissenschaftliches Streben - Wagner.
Dumpfes, warmes wissenschaftliches Streben - Schüler.
(Leben - Taten - Wesen.)
Lebens-Genuß der Person - von außen gesehn - 1. Teil. -
In der Dumpfheit Leidenschaft.
Taten-Genuß - nach außen - 2. Teil. - Und Genuß mit
Bewußtsein. Schönheit.
Schöpfungs-Genuß - von innen - Epilog im Chaos - auf
dem Weg zu Hölle.

Goethe über seinen *Faust*
Schema zu *Faust*, aus der Arbeitsperiode der
Schiller-Zeit, etwa 1797-1800

Da kommen sie und fragen, welche Idee ich in meinem *Faust* zu verkörpern gesucht. Als ob ich das selber wüßte und aussprechen könnte! ... Daß der Teufel die Wette verliert und daß ein aus schweren Verirrungen immerfort zum Bessern aufstrebender Mensch zu erlösen sei, das ist zwar ein wirksamer, manches erklärender guter Gedanke, aber es ist keine Idee, die dem Ganzen und jeder einzelnen Szene im besondern zugrunde liege ... Es war im ganzen nicht meine Art, als Poet nach Verkörperung von etwas Abstraktem zu streben. Ich empfing in meinem Innern Eindrücke, und zwar Eindrücke sinnlicher, lebensvoller, lieblicher, bunter, hundertfältiger Art, ... und ich hatte als Poet weiter nichts zu tun, als solche Anschauungen und Eindrücke in mir künstlerisch zu runden und auszubilden.

Goethe über seinen *Faust*
Gespräch mit Eckermann, 6. Mai 1827

Ein Künstler dem man ein entschiedenes Talent nicht abläugnet, dessen wilde Art jedoch, womit er davon Gebrauch macht, das Ungestüm seiner Conceptionen, das Getümmel seiner Compositionen, die Gewaltsamkeit der Stellungen und die Rohheit des Colorits keineswegs billigen will. Deßhalb aber ist er eben der Mann sich in den Faust zu versenken und wahrscheinlich Bilder hervorzubringen, an die Niemand hätte denken können. [...]

Wenn ich die ... Übersetzung meines *Faust* ... vor mir liegen sehe, so werd' ich erinnert an jene Zeit, wo dieses Werk ersonnen ... Den Beifall, den es nah und fern gefunden, ...

Johann Wolfgang von Goethe
Porträt von E. Delacroix, 1828

mag es wohl der seltenen Eigenschaft schuldig sein, daß es für immer die Entwicklungsperiode eines Menschengeistes festhält, der von allem, was die Menschheit peinigt, auch gequält, von allem, was sie beunruhigt, auch ergriffen, in dem, was sie verabscheut, gleichfalls befangen, und durch das, was sie wünscht, auch beseligt worden ... - Ist nun jenes Gedicht seiner Natur nach in einem düstern Element empfangen, spielt es auf einem zwar mannigfaltigen, jedoch bänglichen Schauplatz, so nimmt es sich in der französischen ... Sprache schon um vieles klarer und absichtlicher aus ... Dabei ist aber eines besonders merkwürdig, daß ein bildender Künstler sich mit dieser Produktion in ihrem ersten Sinne dergestalt befreundet, daß er alles ursprünglich Düstere in ihr ebenso aufgefaßt und einen unruhig strebenden Helden mit gleicher Unruhe des Geistes begleitet hat ... Herr Delacroix scheint hier in einem wunderlichen Erzeugnis zwischen Himmel und Erde, Möglichem und Unmöglichem, Rohstem und Zartestem - und zwischen welchen Gegensätzen noch weiter Phantasie ihr verwegenes Spiel treiben mag - sich heimatlich gefühlt und wie in dem Seinigen ergangen zu haben.

Goethe *über Kunst und Altertum*, Bd. 6
Anmerkungen zu den Illustrationen von Delacroix, 1828

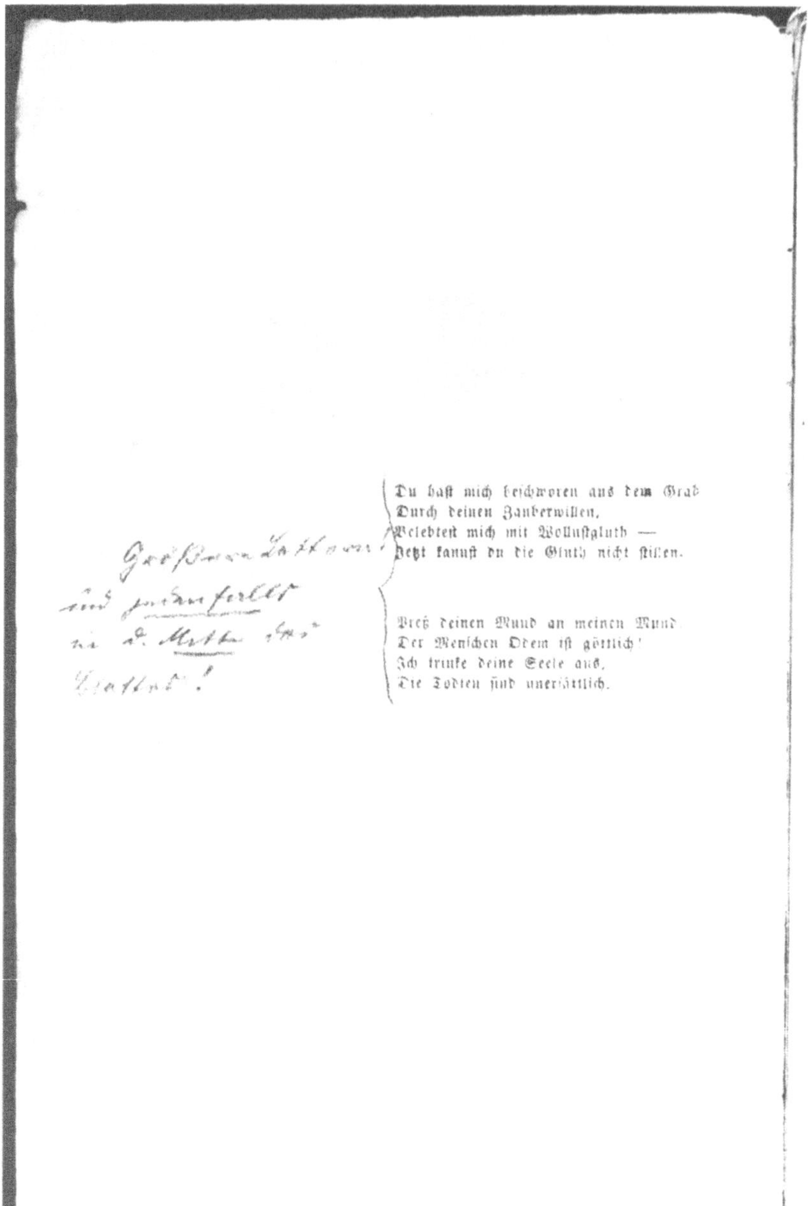

Du hast mich beschworen aus dem Grab
Durch deinen Zauberwillen,
Belebtest mich mit Wollustgluth —
Jetzt kannst du die Gluth nicht stillen.

Preß deinen Mund an meinen Mund,
Der Menschen Odem ist göttlich!
Ich trinke deine Seele aus,
Die Todten sind unersättlich.

Zweite Seite aus dem *Doktor Faust*
mit handschriftlichen Korrekturen Heines

Eine leicht begreifliche Zagnis überfiel mich, als ich bedachte, daß ich zu meinem Ballette einen Stoff gewählt, den bereits unser großer Wolfgang Goethe, und gar in seinem größten Meisterwerke, behandelt hat. Wäre es aber schon gefährlich genug bei gleichen Mitteln der Darstellung mit einem solchen Dichter zu wetteifern, wie viel halsbrechender müßte das Unternehmen sein, wenn man mit ungleichen Waffen in die Schranken treten wollte! In der Tat, Wolfgang Goethe hatte, um seine Gedanken auszusprechen, das ganze Arsenal der redenden Künste zu seiner Verfügung, er gebot über alle Truhen des deutschen Sprachschatzes, der so reich ist an ausgeprägten Denkworten des Tiefsinns und uralten Naturlauten der Gemütswelt, Zaubersprüche, die im Leben längst verhallt, gleichsam als Echo in den Reimen des Goethischen Gedichtes widerklingen und des Lesers Phantasie so wunderbar aufregen! Wie kümmerlich dagegen sind die Mittel, womit ich Ärmster ausgerüstet bin, um das, was ich denke und fühle, zur äußern Erscheinung zu bringen! Ich wirke nur durch ein magres Libretto, worin ich in aller Kürze andeute, wie Tänzer und Tänzerinnen sich gehaben und gebärden sollen und wie ich mir dabei die Musik und die Dekoration ungefähr denke. Und dennoch habe ich es gewagt einen Doktor Faustus zu dichten in der Form eines Balletts, rivalisierend mit dem großen Wolfgang Goethe, der mir sogar die Jugendfrische des Stoffes vorweggenommen, und zur Bearbeitung desselben sein langes blühendes Götterleben anwenden konnte, - während mir, dem bekümmerten Kranken, von Ihnen, verehrter Freund, nur ein Termin von vier Wochen gestellt ward, binnen welchem ich Ihnen mein Werk liefern mußte.

Die Grenzen meiner Darstellungsmittel konnte ich leider nicht überschreiten, aber innerhalb derselben habe ich geleistet, was ein braver Mann zu leisten vermag, und ich habe wenigstens einem Verdienste nachgestrebt, dessen sich Goethe keineswegs rühmen darf: in seinem Faustgedichte nämlich vermissen wir durchgängig das treue Festhalten an der wirklichen Sage, die Ehrfurcht vor ihrem wahrhaftigen Geiste, die Pietät für ihre innere Seele, eine Pietät, die der Skeptiker des achtzehnten Jahrhunderts (und ein solcher blieb Goethe bis an sein seliges Ende) weder empfinden noch begreifen konnte! Er hat sich in dieser Beziehung einer Willkür schuldig gemacht, die auch ästhetisch verdammenswert war und die sich zuletzt an dem Dichter selbst gerächt hat. Ja, die Mängel seines Gedichts entsprangen aus dieser Versündigung, denn, indem er von der frommen Symmetrie abwich, womit die Sage im deutschen Volksbewußtsein lebte, konnte er das Werk nach dem neu ersonnenen ungläubigen Bauriß nie ganz ausführen, es ward nie fertig, wenn man nicht etwa jenen lendenlahmen zweiten Teil des *Faustes*, welcher vierzig Jahre später erschien, als die Vollendung des ganzen Poems betrachten will. In diesem zweiten Teile befreit Goethe den Nekromanten aus den Krallen des Teufels, er schickt ihn nicht zur Hölle, sondern läßt ihn triumphierend einziehen ins Himmelreich, unter dem Geleite tanzender Englein, katholischer Amoretten, und das schauerliche Teufelsbündnis, das unsern Vätern so viel haarsträubendes Entsetzen einflößte, endigt wie eine frivole Farce, - ich hätte fast gesagt wie ein Ballett.

Illustration zum *Doktor Faust* von 1886

Mein Ballett enthält das Wesentlichste der alten Sage vom Doktor Faustus, und indem ich ihre Hauptmomente zu einem dramatischen Ganzen verknüpfte, hielt ich mich auch in den Details ganz gewissenhaft an den vorhandenen Traditionen, wie ich sie zunächst vorfand in den Volksbüchern, die bei uns auf den Märkten verkauft werden, und in den Puppenspielen, die ich in meiner Kindheit tragieren sah.

Heinrich Heine
Der Doktor Faust. Erläuterungen, 1847

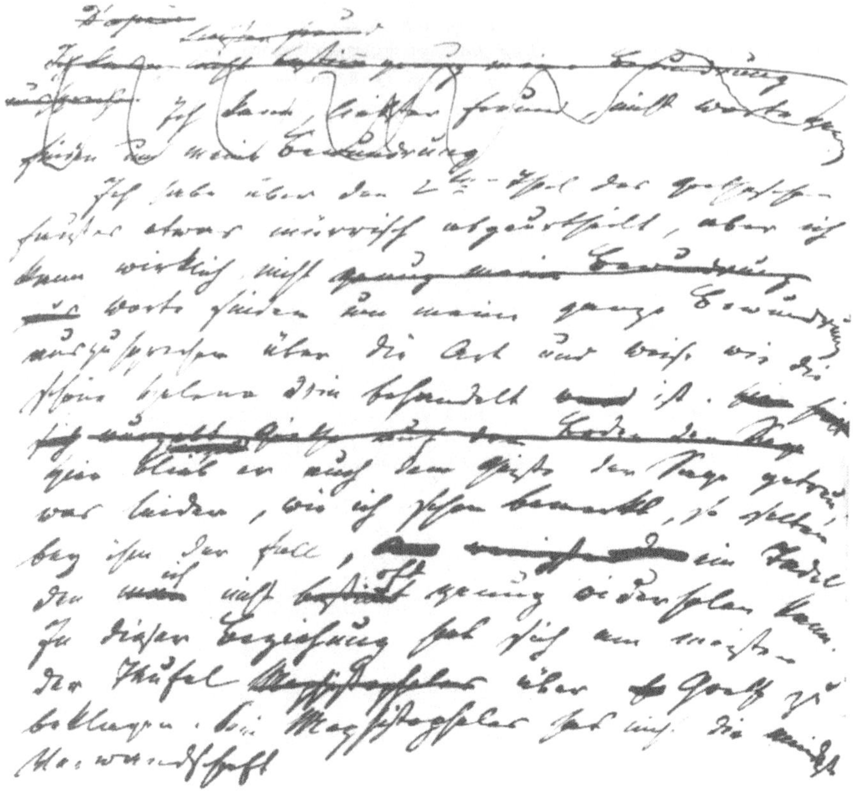

Handschrift Heines
aus den *Erläuterungen* zum *Doktor Faust*

Ich habe über den zweiten Teil des Goetheschen *Faustes* etwas mürrisch abgeurteilt, aber ich kann wirklich nicht Worte finden um meine ganze Bewunderung auszusprechen über die Art und Weise, wie die schöne Helena darin behandelt ist. Hier blieb Goethe auch dem Geiste der Sage getreu, was leider, wie ich schon bemerkt, so selten bei ihm der Fall, ein Tadel, den ich nicht oft genug wiederholen kann. In dieser Beziehung hat sich am meisten der Teufel über Goethe zu beklagen. Sein Mephistopheles hat nicht die mindeste innere Verwandtschaft mit dem wahren »Mephostophiles«, wie ihn die älteren Volksbücher nennen. Auch hier bestärkt sich meine Vermutung, daß Goethe letztere nicht kannte, als er den ersten Teil des *Faustes* schrieb. Er hätte sonst in keiner so säuisch spaßhaften, so zynisch skurrilen Maske den Mephistopheles erscheinen lassen. Dieser ist kein gewöhnlicher Höllenlump, er ist ein »subtiler Geist«, wie er sich selbst nennt, sehr vornehm und nobel und hochgestellt in der unterweltlichen Hierarchie, im höllischen Gouvernemente, wo er einer jener Staatsmänner ist, woraus man einen Reichskanzler machen kann. Ich verlieh ihm daher eine Gestalt, die seiner Würde angemessen. Verwandelte sich doch der Teufel immer am liebsten in ein schönes Frauenzimmer, und im älteren Faustbuche weiß auch Mephistopheles den armen Doktor in dieser Gestalt zu kirren, wenn den Ärmsten manchmal fromme Skrupel überschlichen. Das alte Faustbuch erzählt ganz naiv:

»Wenn der Faust allein war, und dem Wort Gottes nachdenken wollte, schmücket sich der Teuffel in Gestalt einer schönen Frauwen für ihn, hälset ihn, und trieb mit ihm alle Unzucht, also daß er des Göttlichen Worts bald vergaß, und in Wind schlug, und in seinem bösen Fürhaben fortfuhr.«

Indem ich den Teufel und seine Gesellen als Tänzerinnen erscheinen lasse, bin ich der Tradition treuer geblieben als Sie vermuten.

Heinrich Heine
Der Doktor Faust. Erläuterungen, 1847

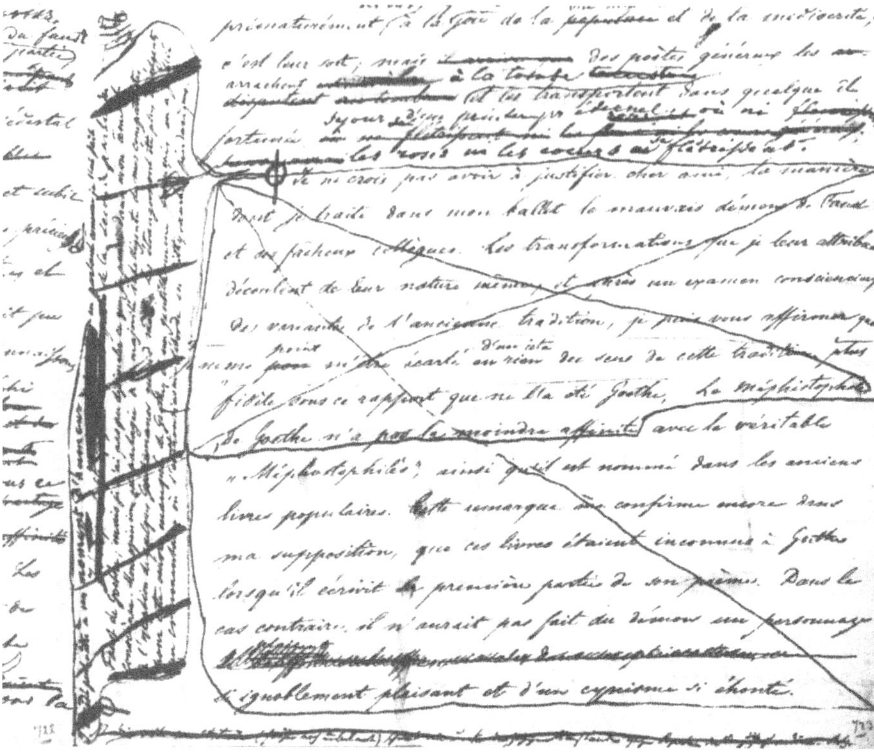
Je ne crois pas avoir à justifier, cher ami, la manière
dont je traite dans mon ballet le mauvais démon de Faust
et ses fâcheux collègues. Les transformations que je leur attribue
découlent de leur nature même et, après un examen consciencieux
des variantes de l'ancienne tradition, je puis vous affirmer que
je ne me suis point écarté d'un iota du sens de cette tradition, plus
fidèle sous ce rapport que ne l'a été Goethe. Le Méphistophélès
de Goethe n'a pas la moindre affinité avec le véritable
„Méphostophilès", ainsi qu'il est nommé dans les anciens
livres populaires. Cette remarque me confirme encore dans
ma supposition, que ces livres étaient inconnus à Goethe
lorsqu'il écrivit la première partie de son poème. Dans le
cas contraire, il n'aurait pas fait du démon un personnage
si ignoblement plaisant et d'un cynisme si éhonté.

Die französische Übersetzung des *Doktor Faust*
mit eigenhändigen Korrekturen Heines

Illustration zu Goethes *Faust*
von E. Delacroix, 1828

Illustration zu Goethes *Faust*
von E. Delacroix, 1828

Illustration zu Goethes *Faust*
von E. Delacroix, 1828

Das kurze Ballettszenario - es sind ja knappe dreizehn Seiten in der Düsseldorfer Heine Ausgabe - ist ein markanter Gegenentwurf zu dem großen dramatischen Werk Goethes. Lumleys Auftrag erlaubt es Heine, das Goethesche Modell des ausführlichen, künstlerisch variierten dichterischen Werkes in der Form wie auch im Inhalt zu parodieren. Ohne hier im einzelnen auf die wesentlichen Vergleichspunkte eingehen zu können, sind es folgende Aspekte der Heineschen Bearbeitung des Stoffes, die zur Zerstörung des Goetheschen Mythos führen:

- Erstens, eine wie schon 1824 von Heine versprochene »handelnde« Teufelsgestalt, die über das ganze Arsenal der nekromantischen Künste verfügt und den unbeholfenen Mephisto Goethes, dem es ja sehr an echt teuflischen Künsten mangelt, in den Schatten stellt. Daß diese Gestalt eine weibliche Teufelsfigur wurde, erfolgte zwangsläufig aus der Gattungsbestimmung, und obwohl Heine keineswegs der erste war, der diese entscheidende Änderung im Mythos unternahm, erlaubt ihm die dominierende Mephista, das klägliche Scheitern seines Faustes im Vergleich zu der herrschenden männlichen Gestalt bei Goethe noch überzeugender in den Vordergrund zu stellen.

- Zweitens, ein Faust »von linkischer Magisterhaftigkeit und trotzigem Doktorstolz« - wie es im Text heißt - dem es einzig und allein um »zeitliche irdische Genüße« und nicht um die Geheimnisse des Universums geht (DHA IX, 85, 87). »Was die Welt / Im Innersten zusammenhält« interessiert diesen Faust nicht.

- Drittens, die parodistische Umarbeitung der zwei großen Liebesgeschichten Fausts (zu Helena im vierten Akt bei Heine, zu Gretchen im fünften).

- Viertens, die damit verbundene, vollkommene Umkehrung des Erosbegriffes bei Goethe zugunsten einer - in der Formulierung Joseph A. Kruses - »sexualpsychologischen Lebensbetrachtung«. Um mit Benno von Wiese zu reden, zieht »das Ewig-Weibliche« Heines Faust »weit mehr hinab als hinauf«. Das erlösende erotische Prinzip bei Goethe wird zur grotesken Parodie bei Heine.

- Und schließlich das vollkommene Fehlen eines kosmologischen Rahmens bei Heine, die Abwesenheit des Guten, das in allen früheren Versionen der Sage notwendigerweise den Gegenpol zum Bösen darstellt.

Der Gang der Handlung bei Goethe ist ein nach oben gerichteter; Gretchen, Helena, die Mater Gloriosa, und schließlich das Ewig-Weibliche ziehen Faust hinauf und symbolisieren für Goethe die erlösende und umwandelnde Kraft der Liebe. Das Universum ist heil. Das Weltbild bei Heine ist ein vollkommen geändertes. Gekennzeichnet durch soziale Ungerechtigkeit, dominiert von repressiven politischen Kräften und geprägt von der wimmelnden Pariser Großstadtatmosphäre statt des exklusiven Weimarer Hofs ist das Universum bei Heine gespalten, bruchstückhaft. Sein Faust wird gefangen, verspottet und verdammt; das sinnliche Treiben, ausgedrückt in der Reihe von wilden Tänzen, die im Ballettszenario beschrieben werden, verspricht zwar Emanzipation, endet aber im machtlosen »Jammern und Bitten« des zum Untergang verdammten Helden (DHA IX, 97). Heines *Doktor Faust* ist ein zutiefst pessimistisches Stück, was im starken Kontrast zum goetheschen Werk steht. Liebe, der Drang, irdische

Schranken zu durchbrechen, der Traum von einem Leben »auf freiem Grund mit freiem Volke«, wie es am Ende von *Faust II* heißt - das alles fehlt vollkommen bei Heine. Bis zum fünften Akt des Balletts ist die prometheische Gestalt Fausts bei Goethe in die eines »fahrenden Wunderdoktors« verwandelt worden (DHA IX, 96). Der faustische Drang ist verschwunden.

Georg F. Peters: *Der Dichter als Mythenbeleber*, S. 431 f.

"Armes deutsches Volk! das ist dein größter Mann"
Ein gemeinsames Thema: Deutschland und die Deutschen

Zur Nation euch zu bilden, ihr hoffet es,
Deutsche, vergebens;
Bildet, ihr könnt es, dafür freier
zu Menschen euch aus.

Goethe
Xenien, 1796

Die Deutschen arbeiten an ihrer Nationalität, kommen aber damit zu spät. Wenn sie dieselbe fertig haben, wird das Nationalitätswesen in der Welt aufgehört haben, und sie werden auch ihre Nationalität gleich wieder aufgeben müssen, ohne, wie Franzosen oder Briten, Nutzen davon gezogen zu haben.

Heine
Aufzeichnungen

Das Rauchen [...] macht dumm; es macht unfähig zum Denken und Dichten. Es ist auch nur für Müßiggänger, für Menschen, die Langeweile haben, die ein Dritteil des Lebens verschlafen, ein Dritteil mit Essen, Trinken und andern notwendigen oder überflüssigen Dingen hindudeln.

Goethe
Vor 1806

Bei Gelegenheit der Liebe könnte ich wieder alle großen Männer zitieren, die keinen Tabak geraucht haben, z.B. Cicero, Justinian, Goethe, Hugo, Ich - zufällig sind wir alle fünf auch so halb und halb Juristen.

Heine
Ideen. Das Buch Le Grand, 1826

Bei uns Deutschen geht alles fein langsam vonstatten.

Goethe
Zu Joh. D. Falk, 1809

Jedes Volk hat seinen Nationalfehler, und wir Deutschen haben den unsrigen, nämlich jene berühmte Langsamkeit; wir wissen es sehr gut, wir haben Blei in den Stiefeln, sogar in den Pantoffeln.

Heine
Lutezia, 1843

Ich habe oft einen bittern Schmerz empfunden bei dem Gedanken an das deutsche Volk, das so achtbar im einzelnen und so miserabel im Ganzen ist. Eine Vergleichung des deutschen Volkes mit andern Völkern erregt uns peinliche Gefühle.

Goethe
Zu Heinrich Luden, 1813

Leb wohl auch Du, deutsche Heimat, Land der Rätsel und der Schmerzen, werde hell und glücklich.

Heine
Testament, 1846

Ja, das deutsche Volk verspricht eine Zukunft, hat eine Zukunft. Das Schicksal der Deutschen ist, mit Napoleon zu reden, noch nicht erfüllt. Hätten sie keine andere Aufgabe zu erfüllen gehabt, als das Römische Reich zu zerbrechen und eine neue Welt zu schaffen und zu ordnen, sie würden längst zugrunde gegangen sein. Da sie aber fortbestanden sind, und in solcher Kraft und Tüchtigkeit, so müssen sie ... noch eine große Zukunft haben ... Aber die Zeit, die Gelegenheit vermag ein menschliches Auge nicht vorauszusehen und menschliche Kraft nicht zu beschleunigen oder herbeizuführen.

Goethe
Zu Heinrich Luden, 1813

Der Gedanke geht der Tat voraus, wie der Blitz dem Donner. Der deutsche Donner ist freilich auch ein Deutscher und ist nicht sehr gelenkig, und kommt etwas langsam herangerollt; aber kommen wird er, und wenn Ihr es einst krachen hört, wie es noch niemals in der Weltgeschichte gekracht hat, so wißt: der deutsche Donner hat endlich sein Ziel erreicht. Bei diesem Geräusche werden die Adler aus der Luft tot niederfallen, und die Löwen in der fernsten Wüste Afrikas werden die Schwänze einkneifen, und sich in ihren königlichen Höhlen verkriechen. Es wird ein Stück aufgeführt werden in Deutschland, wogegen die französische Revolution nur wie eine harmlose Idylle erscheinen möchte.

Heine
Zur Geschichte der Religion und Philosophie in Deutschland, 1834

Der Deutsche soll alle Sprachen lernen, damit ihm zu Hause kein Fremder unbequem, er aber in der Fremde überall zu Hause sei.

Goethe
Notiz, 1818

Wenn man so viele Herrlichkeiten bei Fremden sieht, gehört wirklich eine ungeheure Dosis Patriotismus dazu, sich noch immer einzubilden: das Vortrefflichste und Köstlichste, was die Erde trägt, sei ein - Deutscher!

Heine
Briefe aus Berlin, 1822

Ich brauche nur in unserm lieben Weimar zum Fenster hinauszusehen, um gewahr zu werden, wie es bei uns steht. Als neulich Schnee lag, und meine Nachbarskinder ihre kleinen Schlitten auf der Straße probieren wollten, sogleich war ein Polizeidiener nahe, und ich sah die armen Dingerchen fliehen so schnell sie konnten. Jetzt, wo die Frühlingssonne sie aus den Häusern lockt und sie mit ihresgleichen vor ihren Türen gerne ein Spielchen machten, sehe ich sie immer geniert, als wären sie nicht sicher und als fürchteten sie das Herannahen irgendeines polizeilichen Machthabers. Es darf kein Bube mit der Peitsche knallen, oder singen, oder rufen, sogleich ist die Polizei da, es ihm zu verbieten. Es geht bei uns alles dahin, die liebe Jugend frühzeitig zahm zu machen und alle Natur, alle Originalität und alle Wildheit auszutreiben, so daß am Ende nichts übrig bleibt als der Philister.

Goethe
Zu Eckermann, 1828

Wo ihrer drei beisammen stehn,
Da soll man auseinander gehn.
Des Nachts soll niemand auf den Gassen
Sich ohne Leuchte sehen lassen.

Heine
Gedichte, 1853 und 1854

Während aber die Deutschen sich mit Auflösung philosophischer Probleme quälen, lachen uns die Engländer mit ihrem großen praktischen Verstande aus und gewinnen die Welt.

Goethe
Zu Eckermann, 1829

Was die Deutschen betrifft, so bedürfen sie weder der Freiheit noch der Gleichheit. Sie sind ein spekulatives Volk, Ideologen, Vor- und Nachdenker, Träumer, die nur in der Vergangenheit und in der Zukunft leben, und keine Gegenwart haben. Engländer und Franzosen haben eine Gegenwart, bei ihnen hat jeder Tag seinen Kampf und Gegenkampf und seine Geschichte.

Heine
Englische Fragmente, 1828

Es läßt sich nicht leugnen, daß auch die Deutschen die Freiheit lieben. Aber anders wie andere Völker. Der Engländer liebt die Freiheit wie sein rechtmäßiges Weib, er besitzt sie, und wenn er sie auch nicht mit absonderlicher Zärtlichkeit behandelt, so weiß er sie doch im Notfall wie ein Mann zu verteidigen, und wehe dem rotgeröckten Burschen, der sich in ihr heiliges Schlafgemach drängt - sei es als Galant oder als Scherge. Der Franzose liebt die Freiheit wie seine erwählte Braut. Er glüht für sie, er flammt, er wirft sich ihr zu Füßen mit den überspanntesten Beteuerungen, er schlägt sich für sie auf Tod und Leben, er begeht für sie tausenderlei Torheiten. Der Deutsche liebt die Freiheit wie seine alte Großmutter.

Heine
Englische Fragmente, 1828

Die Engländer werden uns beschämen durch reinen Menschenverstand und guten Willen, die Franzosen durch geistreiche Umsicht und praktische Ausführung.

Goethe
Maximen und Reflexionen, 1825

Franzosen und Russen gehört das Land,
Das Meer gehört den Briten,
Wir aber besitzen im Luftreich des Traums
Die Herrschaft unbestritten.

Heine
Deutschland. Ein Wintermärchen, 1844

Die Deutschen sind übrigens wunderliche Leute! Sie machen sich durch ihre tiefen Gedanken und Ideen, die sie überall suchen und überall hineinlegen, das Leben schwerer als billig. Ei! so habt doch endlich einmal die Courage, euch den Eindrücken hinzugeben, euch ergötzen zu lassen, ja euch belehren und zu etwas Großem entflammen und ermutigen zu lassen; aber denkt nur nicht immer, es wäre alles eitel, wenn es nicht irgend abstrakter Gedanke und Idee wäre!

Goethe
Zu Eckermann, 1827

Die Deutsche haben die merkwürdige Gewohnheit, daß sie bei allem was sie tun, sich auch etwas denken.

Heine
Harzreise, 1826

Heinrich Heine
Zeichnung von Volker Kriegel, 1997

Auswahlbibliographie
Literatur zum Thema: Heine und Goethe

Walter Dietze: Junges Deutchland und deutsche Klassik. Berlin 3. Auflage 1962

Fritz Friedländer: Heine und Goethe. Berlin, Leipzig 1932

Volkmar Hansen: Heines *Faust*-Buch. In: Alfred Opitz (Hg.): Differenz und Identität. Heinrich Heine. Europäische Perspektiven im 19. Jahrhundert. Trier 1998, S. 157-167

Jost Hermand: Werthers Harzreise. In: ders.: Von Mainz nach Weimar 1793-1919. Studien zur deutschen Literatur. Stuttgart 1969, S. 129-151

Jost Hermand: Der frühe Heine. Ein Kommentar zu den *Reisebildern*. München 1976

Peter Uwe Hohendahl: Fiktion und Kritik: Heines *Romantische Schule* im Kontext der zeitgenössischen Literaturgeschichte. In: Vormärz und Klassik, herausgegeben von Lothar Ehrlich, Hartmut Steinecke, Michael Vogt. Bielefeld 1999, S. 249-264

Gustav Karpeles: Goethe und Heine. In: ders. Heinrich Heine und seine Zeitgenossen, Berlin 1888

Wolfgang Klien: Goethes Verhältnis zu Heine. In: ders.: "Er sprach viel und trank nicht wenig". Goethe. Wie berühmte Zeitgenossen ihn erlebten. München 1998, S. 152-169

Helmut Koopmann: Das junge Deutschland und Goethe. Versuch einer Emanzipation und "Neue Klassizität"? - Jungdeutsche Versuche der Synthese. In: ders.: Das Junge Deutschland. Analyse seines Selbstverständnisses. Stuttgart 1970, S. 114-152

Helmut Koopmann: Heine in Weimar. In:Zeitschrift für deutsche Philologie 91 (1972), S. 46-66

Joseph A. Kruse: Zwischen Weltschmerz und Engagement: Heine. Über historische Grenzen und deren Bestimmbarkeit, fließende Übergänge und die Nähe von Klassik und Romantik zur deutschen Literatur des Vormärz. In: Vormärz und Klassik, herausgegeben von Lothar Ehrlich, Hartmut Steinecke, Michael Vogt. Bielefeld 1999, S. 33-48

Ulrich Maché: Der junge Heine und Goethe. In: Heine-Jahrbuch 4 (1965), S. 42-47

Sara Ann Malsch: Die Bedeutung von Goethes Pantheismus und seiner satirischen Brechung für Heines Demokratiebegriff. In: Heine-Jahrbuch 17 (1978), S. 35-54

Karl Robert Mandelkow: Heinrich Heine und die deutsche Klassik. In: ders.: Orpheus und Maschine. Acht literaturgeschichtliche Arbeiten. Heidelberg 1976, S. 63-85

Fritz Mende: Zu Heinrich Heines Goethe-Bild. In: Etudes Germaniques. 23 (1968), S. 212-231

Matthias Nölke: Goethe als Kunstmittel. Heines Argumentation mit einem historischen Muster. In: Heine-Jahrbuch 33 (1994), S. 82-98

Georg F. Peters: "So glücklich, so hingehaucht, so ätherisch". Heines Beurteilung des *West-östlichen Divan*. In: Heine-Jahrbuch 22 (1983), S. 30-46

Georg F. Peters.: "Der große Heide Nr. 2". Heinrich Heine and the Levels of His Goethe Reception. New York, Bern, Frankfurt/M., Paris 1989

Walter Robert-tornow: Goethe in Heines Werken. Berlin 1883

Hanna Spencer: Heines Spiel mit Goethes Erbmantel. In: Seminar. 9 (1973), S. 109-126

Peter Stein: "Kunstperiode" und "Vormärz". Zum veränderten Verhältnis von Ästhetizität und Operativität am Beispiel Heinrich Heines. In: Vormärz und Klassik, herausgegeben von Lothar Ehrlich, Hartmut Steinecke, Michael Vogt. Bielefeld 1999, S. 49-62

Fritz Strich: Goethe und Heine. In: ders.: Der Dichter und die Zeit. Bern 1947, S. 185-225

Christoph Trilse: Das Goethe-Bild Heinrich Heines. In: Jahrbuch der Goethe-Gesellschaft N.F. XXX (1968), S. 154-191

Walter Wadepuhl: Heines Verhältnis zu Goethe. In: Jahrbuch der Goethe-Gesellschaft N.F. XVIII (1956), S. 121-131

Literaturnachweis

Die Goethe-Textstellen werden zitiert nach: Goethes Werke. Textkritisch durchgesehen und mit Anmerkungen versehen von Erich Trunz. Hamburg 5. Aufl. 1960

Die Brief-Zitate sind entnommen:
Goethes Briefe. Hamburger Ausgabe in 4 Bänden, herausgegeben von Karl Robert Mandelkow, Hamburg 1967

Briefe an Goethe. Hamburger Ausgabe in 2 Bänden, herausgegeben von Karl Robert Mandelkow, Hamburg 1969

Die Heine-Textstellen werden zitiert nach:
Heinrich Heine. Sämtliche Schriften. Herausgegeben von Klaus Briegleb. München 1968-1976 (7 Bände)

Den Brief-Zitaten von und an Heine liegt die Heine-Säkularausgabe zugrunde: Werke, Briefwechsel, Lebenszeugnisse. Herausgegeben von den Nationalen Forschungs- und Gedenkstätten der klassischen deutschen Literatur in Weimar und dem Centre National de la Recherche Scientifique in Paris. Berlin, Paris 1970 ff.

***

Karlheinz Fingerhut: Goethe-Reminiszenzen in Heines *Reisebildern*. In: Die Jahre kommen und vergehn! 10 Jahre Heinrich-Heine-Universität Düsseldorf. Herausgegeben von Holger Ehlert u.a. Düsseldorf 1998, S. 59-66

Goethe-Handbuch in vier Bänden. Herausgegeben von Bernd Witte, Theo Buck, Hans-Dietrich Dahnke, Regine Otto, Peter Schmidt. Stuttgart, Weimar 1998

Goethe. Seine äußere Erscheinung. Literarische und künstlerische Dokumente seiner Zeitgenossen. Zusammengestellt von Emil Schaeffer. Überprüft und ergänzt von Jörn Göres. Frankfurt/M. 1980

Goethe über die Deutschen. Herausgegeben von Hans-J. Weitz. Frankfurt/M. 1978 (= it 325)

Maximilian Heine: Erinnerungen an Heinrich Heine und seine Familie. Berlin 1868

Gerhard Höhn: Heine-Handbuch. Zeit, Person, Werk. Zweite, aktualisierte und erweiterte Auflage. Stuttgart, Weimar 1997

Berthold Litzmann: Clara Schumann. Ein Künstlerleben. Nach Tagebüchern und Briefen. Bd. 1: Mädchenjahre. Leipzig 8. Aufl. 1925

Thomas Nipperdey: Deutsche Geschichte 1800-1866. Bürgerwelt und starker Staat. München 1998

Georg F. Peters: Der Dichter als Mythenbeleber. Goethe. Heine und Faust. In: Aufklärung und Skepsis. Internationaler Heine-Kongreß 1997 zum 200. Geburtstag. Herausgegeben von Joseph A. Kruse, Bernd Witte, Karin Füllner. Stuttgart, Weimar 1999, S. 422-435

Bildnachweis

Johann Wolfgang von Goethe. Büste in Gips von Christian Friedrich Tieck, 1820.
Goethe-Museum, Düsseldorf

Johann Wolfgang von Goethe. Porträt-Lithographie von Joseph Quaisser und Anton Machek, 1823, nach Ferdinand Jagemann.
Goethe-Museum, Düsseldorf

Johann Wolfgang von Goethe. Lithographie von Henri Grévédon nach einer Zeichnung von Orest Adamowitsch Kiprinsky, 1823.
Goethe- Museum, Düsseldorf

Johann Wolfgang von Goethe. Weißgehöhte Kreidezeichnung von Karl Christian Vogel von Vogelstein, 1824.
Goethe-Museum, Düsseldorf

Johann Wolfgang von Goethe. Bleistiftzeichnung von Heinrich Franz Brandt, 1826. Original verschollen.
Goethe-Museum, Düsseldorf

Johann Wolfgang von Goethe. Photo nach einer Reproduktion der Kreidezeichnung von Ludwig Sebbers, 1826.
Goethe-Museum, Düsseldorf

Johann Wolfgang von Goethe. Lithographie nach dem Ölgemälde von Joseph Karl Stieler, 1828.
Goethe-Museum, Düsseldorf

Johann Wolfgang von Goethe. Porträt von Eugène Delacroix. In: *Faust*. Tragédie de M. de Goethe. Paris, 1828.
Goethe-Museum, Düsseldorf

Johann Wolfgang von Goethe. Plakette von Pierre Jean David d'Angers, 1829.
Goethe-Museum, Düsseldorf

Johann Wolfgang von Goethe. Kupferstich von Carl August Schwerdgeburth, 1832.
Goethe-Museum, Düsseldorf

Johann Wolfgang von Goethe. Radierung von Simon Dittrich. In: Goethe: *Maximen und Reflexionen*. Edition Tiessen. Neu-Isenburg, 1995.
Heinrich-Heine-Institut, Düsseldorf

Johann Wolfgang von Goethe. Radierung von Simon Dittrich. Edition Tiessen. Neu-Isenburg, 1995
Heinrich-Heine-Institut, Düsseldorf

Heinrich Heine. Bleistiftzeichnung eines unbekannten Künstlers, um 1825.
Heinrich-Heine-Institut, Düsseldorf

Heinrich Heine. Porträt von Colla, nach 1825. Öl auf Elfenbein.
Heinrich-Heine-Institut, Düsseldorf

Heinrich Heine. Radierung von Ludwig Emil Grimm. 1827.
Heinrich-Heine-Institut, Düsseldorf

Heinrich Heine. Ölgemälde von Gottlieb Gassen. 1828.
Heinrich-Heine-Institut, Düsseldorf

Heinrich Heine. Bleistiftzeichnung (Vorzeichnung zum Ölgemälde)
von Gottlieb Gassen, 1828.
Heinrich-Heine-Institut, Düsseldorf

Heinrich Heine. Bleistiftzeichnung von Gottlieb Gassen, 1828.
Heinrich-Heine-Institut, Düsseldorf

Heinrich Heine. Porträt von Moritz Oppenheim. Ölskizze auf Leinwand auf Holz, 1831.
Heinrich-Heine-Institut, Düsseldorf

Heinrich Heine. Bronzeplakette von Pierre Jean David d'Angers, 1834.
Heinrich-Heine-Institut, Düsseldorf

Heinrich Heine. Alabasterbüste von Adolf Schmieding, 1906.
Heinrich-Heine-Institut, Düsseldorf

Heinrich Heine. Zwei Zeichnungen von Volker Kriegel, 1997.
Heinrich-Heine-Institut, Düsseldorf

Lord Byron. Kolorierter Stich.
Heinrich-Heine-Institut, Düsseldorf

Miguel Cervantes de Saavedra. Aus: *Der sinnreiche Junker Don Quixote von La Mancha* mit einer Einleitung von Heinrich Heine. Stuttgart, 1837.
Heinrich-Heine-Institut, Düsseldorf

Johann Friedrich Freiherr von Cotta. Nach einer Lithographie von Carl Jakob Theodor Leybold.
Heinrich-Heine-Institut, Düsseldorf

Christiane von Goethe, geb. Vulpius. Porträtminiatur von Karl J. Raabe, 1811.
Goethe-Museum, Düsseldorf

Georg Friedrich Wilhelm Hegel. Nach Drakes Basrelief gezeichnet und gestochen von K. Barth.
Heinrich-Heine-Institut, Düsseldorf

Mathilde Heine, geb. Crescence Eugénie Mirat. Photographie nach einem Gemälde, um 1845.
Heinrich-Heine-Institut, Düsseldorf

Alexander von Humboldt. Stich.
Heinrich-Heine-Institut, Düsseldorf

Gotthold Ephraim Lessing. Kupferstich von A.H. Payne nach Storck.
Heinrich-Heine-Institut, Düsseldorf

Felix Mendelssohn Bartholdy. Stich von C. Cool nach Leighton.
Heinrich-Heine-Institut, Düsseldorf

Napoleon Bonaparte. Stich.
Heinrich-Heine-Institut, Düsseldorf

Claude Henri de Saint-Simon. Nach einem Kupferstich von E. Perrot, 1845.
Heinrich-Heine-Institut, Düsseldorf

August Wilhel Schlegel. Zeitgenössischer Kupferstich.
Heinrich-Heine-Institut, Düsseldorf

William Shakespeare. Stich.
Heinrich-Heine-Institut, Düsseldorf

Germaine de Staël-Holstein. Kolorierter Stahlstich nach dem Ölgemälde von Francois Gérard von 1818.
Heinrich-Heine-Institut, Düsseldorf

Karl August Varnhagen von Ense. Lithographie mit faksimilierter Zeile und Unterschrift.
Heinrich-Heine-Institut, Düsseldorf

Rahel Varnhagen von Ense. Lithographie von Gottfried Küstner.
Heinrich-Heine-Institut, Düsseldorf

Clara Wieck. Lithographie von Andreas Staub, 1838.
Robert-Schumann-Haus, Zwickau

Johann Wolfgang von Goethe. Eigenhändiger Brief an Heinrich Karl Abraham Eichstädt in Jena. Weimar, 9. April 1804.
Heinrich-Heine-Institut, Düsseldorf

Goethes Handschrift des "Chorus mysticus". Ende von *Faust II.*
Goethe-Museum, Düsseldorf

Johann Wolfgang von Goethe. Landschaft mit dem Freiheitsbaum. Aquarell über Feder- und Bleistiftzeichnung, 1792.
Goethe-Museum, Düsseldorf

Heines eigenhändiger Brief an Goethe vom 29. Dezember 1821.
Stiftung Weimarer Klassik. Goethe-Schiller-Archiv

Heines eigenhändiger Brief an Goethe vom 1. Oktober 1824.
Stiftung Weimarer Klassik. Goethe-Schiller-Archiv

Heinrich Heine. Eigenhändiger Eintrag mit Berufs- und Ortsangabe. Fragment aus einem Gästebuch während der italienischen Reise.
Heinrich-Heine-Institut, Düsseldorf

Heinrich Heine. *Tragödien, nebst einem lyrischen Intermezzo.* Berlin, 1823.
Widmungsexemplar für Johann Wolfgang von Goethe.
Stiftung Weimarer Klassik. Goethe-Nationalmuseum

Heinrich Heine. Handschrift aus den *Erläuterungen* zum *Doktor Faust.*
Heinrich-Heine-Institut, Düsseldorf

Heinrich Heine. *Doktor Faust.* Schreiberabschrift mit Heines eigenhändigen Ergänzungen.
Heinrich-Heine-Institut, Düsseldorf

Zweite Seite aus *Doktor Faust* mit handschriftlichen Korrekturen Heines.
Heinrich-Heine-Institut, Düsseldorf

Französische Übersetzung des *Doktor Faust* mit eigenhändigen Korrekturen Heines.
Heinrich-Heine-Institut, Düsseldorf

Heinrich Heine. Eigenhändiges Manuskript zum Ilsenstein, aus der *Harzreise.*
Heinrich-Heine-Institut, Düsseldorf

Heinrich Heine. Eigenhändiges Manuskript zur *Reise von München nach Genua*, 1828.
Heinrich-Heine-Institut, Düsseldorf

Heinrich Heine. Eigenhändiges Manuskript zur *Romantischen Schule.*
Heinrich-Heine-Institut, Düsseldorf

Heinrich Heine. Eigenhändiges Entwurfmanuskript *Zur Geschichte der Religion und Philosophie in Deutschland.*
Heinrich-Heine-Institut, Düsseldorf

Berlin. Universität. Stahlstich von F. Hirchenhein nach C. Würbs.
Heinrich-Heine-Institut, Düsseldorf

Berlin. Unter den Linden. Kolorierter Kupferstich von M. Kurz nach J. Poppel.
Heinrich-Heine-Institut, Düsseldorf

Brockenhaus. Lithographie nach Ludwig Eduard Lütke.
Heinrich-Heine-Institut, Düsseldorf

Der Ilsenstein im Harz. Stich von A. Schulz nach H. Grape.
Heinrich-Heine-Institut, Düsseldorf

Göttingen.Ansicht der London-Schenke. Kolorierter Kupferstich, 18. Jahrhundert, von Georg B. Probst.
Heinrich-Heine-Institut, Düsseldorf

Göttingen. Das Weender Tor. Stahlstich von E. Hablitscheck nach A. Hornemann.
Heinrich-Heine-Institut, Düsseldorf

Göttingen. Universität. Kupferstich um 1790.
Heinrich-Heine-Institut, Düsseldorf

Weimar. Lithographie von C.W. Arldt nach einer Zeichnung von B. Leberl.
Heinrich-Heine-Institut, Düsseldorf

Eugène Delacroix. 3 Illustrationen zu Goethes *Faust* für die in Paris erschienene Übersetzung von Albert Stapfer, 1828.
Goethe-Museum, Düsseldorf

Johann Peter Lyser. Illustration zur *Bergidylle* aus der *Harzreise.* Silberstiftzeichnung von 1829 mit eigenhändigem Eintrag Heines der dritten Strophe aus seiner *Bergidylle.*
Freies Deutsches Hochstift. Frankfurter Goethe-Museum

Günter Schöllkopf: *Heine in der Campagna.* Radierung, 1975.
Heinrich-Heine-Institut, Düsseldorf

Johann Heinrich Wilhelm Tischbein: *Goethe in der römischen Campagna.* Öl auf Leinwand, 1786/88. Poster. Stiftung Weimarer Klassik

Günter Schöllkopf: *Heine, Goethe, Aretino und Rahel Varnhagen in Italien.* Radierung,1975.
Heinrich-Heine-Institut, Düsseldorf

Günter Schöllkopf: *Heine in Italien.* Radierung,1975.
Heinrich-Heine-Institut, Düsseldorf

Titelblatt der Erstausgabe von Heines *Doktor Faust*, Hamburg, 1851.
Heinrich-Heine-Institut, Düsseldorf

Umschlagzeichnung zur Erstausgabe von Heines *Doktor Faust.*
Heinrich-Heine-Institut, Düsseldorf

Heinrich Heine. *Gedichte*, Berlin 1822. Exemplar des Verfassers für Goethe.
Stiftung Weimarer Klassik. Goethe-Nationalmuseum

Heinrich Heine's *Werke*, herausgegeben von Heinrich Laube. Illustriert von Wiener Künstlern. Wien, Leipzig, Prag, 1886. Illustration zum *Doktor Faust*, S.359.
Heinrich-Heine-Institut, Düsseldorf

Studien zu Goethe's *Faust.* Titelblatt. Exemplar aus Heines Nachlaßbibliothek.
Heinrich-Heine-Institut, Düsseldorf

"Le peuple aux Tuileries!" - In: Annales de la Rèpublique Francaise ou souvenirs historiques de la memorable Rèvolution de 1848. Lithographie von Victor Vincent Adam et Jules Arnoult.
Heinrich-Heine-Institut, Düsseldorf

Bettina von Arnim. Entwurf für ein Goethe-Denkmal in Frankfurt/M. Gipsmodell.
Anonymer Steindruck, 1825.
Goethe-Museum, Düsseldorf

Goethe-Erwähnungen im Register der Düsseldorfer Ausgabe: Heinrich Heine. Historisch-kritische Gesamtausgabe der Werke, herausgegeben von Manfred Windfuhr. Bd. 16, Hamburg 1997.
Heinrich-Heine-Institut, Düsseldorf

Felix Mendelssohn Bartholdy. Eigenhändige Vertonung von Heines Gedicht *Mein Liebchen, wir saßen beisammen,*1840.
Heinrich-Heine-Institut, Düsseldorf

Clara Schumann. Eigenhändige Vertonung von Heines *Loreley.* 8. Juni 1843.
Robert-Schumann-Haus, Zwickau

Theaterzettel der Uraufführung von Carl Maria von Webers Oper *Der Freischütz*, Berlin, 18. Juni 1821.
Heinrich-Heine-Institut, Düsseldorf

Todesanzeige von Goethe.
Heinrich-Heine-Institut, Düsseldorf

Fotos:
Freies Deutsches Hochstift (Frankfurter Goethe-Museum); Goethe-Museum, Düsseldorf; Heinrich-Heine-Institut, Düsseldorf; Walter Klein, Düsseldorf; Landesbildstelle Rheinland; Medienzentrum Rheinland; Stiftung Weimarer Klassik (Goethe-Nationalmuseum und Goethe-Schiller-Archiv)

GPSR Compliance

The European Union's (EU) General Product Safety Regulation (GPSR) is a set of rules that requires consumer products to be safe and our obligations to ensure this.

If you have any concerns about our products, you can contact us on ProductSafety@springernature.com

In case Publisher is established outside the EU, the EU authorized representative is:

Springer Nature Customer Service Center GmbH
Europaplatz 3
69115 Heidelberg, Germany

Batch number: 10578188

Printed by Printforce, the Netherlands